U0066363

澎湖民間傳說故事（下）

澎湖民間傳說故事（下） 目次

參、宮廟神怪傳說

一、宮廟神明由來傳說

二、宮廟傳說

伍、其他傳說‧故事

一、其他傳說

二、生活故事

三、幻想故事

附錄一

附錄二

宮廟神怪傳說

一、宮廟神明由來傳說

西文祖師廟的由來

（一）

　　在古早時候，西文地區有許多人都生病了，這時正好有一條從大陸清水來的船駛進西文港，船上奉有一尊祖師公（清水祖師），祖師公變成一位老人四處去探訪民情。有一天祖師公問一群路人要到那裏去，路人回答：「大家都生病了，要去馬公抓藥治病。」祖師公聽了便說：「不要緊，我拿些藥丸給你們吃就好了。」說完祖師公便在身上搓來搓去，搓出了一些藥丸，送給那些路人。

　　不久那些人的病都好了，大家就結伴到船上謝謝那位老人。到了船上，找不到老人，就問：「你們船上有沒有一位老人。」船上的人說：「沒有啊！如果不信的話可以自己去找。」大家就真的去找，結果只看到一個黑面的祖師爺神像，長的和那老人一樣，大家才知道原來是祖師公顯靈，所以便在西文建了一間祖師廟來答謝祂。

講述：楊阿笑、七十一歲、不識字、台語
採錄：白翠屏
時間：八十六年五月六日
地點：馬公市西文里

（二）

　　從前文澳那裡大家都生病了，這時正好有一條漁船從大陸清水過來，停靠在文澳港附近，船上供奉一尊黑面祖師爺神像。某天，文澳出現了一位老先生，看見大家都生病了，就問是怎麼回事，村人回答：「大家都生了怪病，藥吃了很久也沒效，大家都十分害怕，現在正要到馬公抓藥。」老人聽了要大家無需緊張，還在自己的身上搓出一顆顆黑色藥丸，給村人帶回去服用，不久村人的病都好了。

　　後來，村人想答謝老先生，便相約至文澳港尋人。村人問船員否有見過一位黑面老人，船員回答：「沒有。」大伙不死心，還是上船找，依然沒有找到黑面老人，只找到一尊很像老先生的神像，就是黑面清水祖師。村民認為是清水祖師顯靈救他們，所以就在這裡建了一間祖師廟來感謝祂的恩德。

講述：辛威呈、五十歲、商、不識字、國台語
採錄：盧意婷、郭典宜、陳心馨
時間：民國九十年六月十八日
地點：西文祖師廟

（三）

　　傳說很早以前大案山那裡發生了瘟疫，村裡有一對老夫妻相依為命，妻子得了瘟疫，他的先生非常著急，每天照顧她，還四處為她找醫生。但當時交通不方便，醫生很少而且都在馬公。有一天先生到馬公找醫生，走到五里亭¹的時候，遇到清水祖師。

　　當時我們這裡還沒有清水祖師，不過那時有一艘從大陸來的漁船，正好停在附近（以前祖師廟前是汪洋一片，船大約是停在廟的前面。）船上供奉著清水祖師。

　　清水祖師變成一位中年郎中，背著一個藥箱，叫住老先生：「阿伯、阿伯你有什麼事情嗎？怎麼走得滿身大汗，還垂頭喪氣的。」老先生回答說：「老伴生病了，醫生看了三四次，都沒有好，好像快不行了。」清水祖師：「我這兒有兩包藥，你拿回去吃看看。」老先生說：「你怎麼這麼好心！你住哪裡？要多少錢？」清水祖師爺說：「我住在東文這裡，不用錢。」當時老先生心情不好，沒多注意，就回家去了。

　　回去之後，太太吃了藥病就好了，老先生心裡非常感恩，想要答謝他，就到東文那裡去找，可是卻找不到。後來向停在附近的船家詢問，無意中看到船上供奉的祖師爺，很像那位郎中，老先生想：「這裡沒有住家都是海和船，所以一定是清水祖師爺顯靈來救他們的。」所以就發動村民建廟來供奉他，這就是文澳祖師爺的由來。

　　那祖師爺是怎麼修道成仙的呢？傳說，祖師爺以前在唐

一　就是現在的「三官廟」。見本書上冊頁二四六「五里亭的傳說」。

山，父母早死家境貧窮，是靠兄長和大嫂扶養長大。他的兄長待他不錯，但嫂嫂卻虐待他，要他煮飯卻又不給他柴燒，祖師爺想不出辦法，只好用雙腳當柴燒。這是一個法、一個秘密，不能讓別人知道。

　　他的嫂嫂覺得很奇怪，沒有柴怎麼能煮飯？於是就偷看他煮飯，當他看到祖師爺用自己的腳當柴燒時，嚇得大叫一聲嚇到祖師爺，害他法術失靈，因此祖師爺的雙腳就被火燒壞，所以現在的祖師爺只有大腿沒有小腿。

講述：顏開發、六十歲、初中、台語、父女。聽岳父講述
採錄：顏慧嬋、顏鈺金、葉淑屏、吳錦惠、曾筱芸
時間：八十九年十二月十五日
地點：馬公市西文里

（四）

　　祖師公是來澎湖濟世的，他人做得好就做神，所有的神明就我們祖師公最優秀，連天公也不如他。祖師公正月初六做生日，比「天公生」初九還早，就知道他道行有多深。

　　祖師公是從安溪來的，安溪有條船來馬公，船上有供奉祖師公。祖師公來到澎湖，看見澎湖有瘟疫，大家都要到馬公抓藥，就化成一個老人在五里亭賣藥。他要人不用到馬公抓藥，吃他的藥丸就好，於是救了很多人。

　　大家平安後，就想說老人家沒收他們藥錢，應該買一些東西去感謝他，就問他住哪裡。他說住馬公渡口，找安溪清水祖師就對了。但是大家去找都找不到，後來問到一艘船是安溪來的，就問有沒有清水祖師這個人，船家說清水祖師就是我們船上拜的神，大家才知道老人是清水祖師的化身。就這樣，大家就分船上清水祖師的香火來拜，拜到後來，祖師公自己流木二、刻金身。

講述：葉尾看、九十五歲、私塾、台語、聽當時祖師廟的管
　　　理員鮑秀才講述
採錄：陳王美珠、鄭月廷
時間：八十九年十月十日
地點：馬公市西文里

（五）

　　東文有個祖師廟，傳說廟裡的祖師公是由海上飄來的木頭刻成的。有一個牧童夢見一個人，臉黑黑的，不知他是誰，隔天就撿到很像夢中人的木頭，撿到以後木頭就開口說他要雕刻金身建廟。可是沒有木材怎麼建廟？但是很神奇，就有

二　流木：流木建廟。澎湖大部分的宮廟都說，建廟的木材是主神化
　　身為人，自己去唐山選購，然後將木材丟入海中漂回澎湖，村民
　　撿拾流木而順利建廟。請見本書頁四十三～六〇的「建廟傳說」。

很多木材，自動從海上飄來，那個牧童就把它撿起來建廟。

　　這個廟很靈，以前那條路很不安寧，但是很奇怪，到了廟前面，那些壞東西就不敢過來。比如說中午有人騎車，騎到祖師廟前，就有人（祖師爺）說：「某某人，你後面怎麼載一個人？」那個人就不見了，所以這個廟非常靈，那些妖邪都不敢接近。尤其祖師廟的後面就是「千人塚」，以前有時會看到日本兵在那邊騎馬、操練、喊日本口令。自從祖師廟搬到這裡後，那些日本鬼就不敢再出現了。

講述：陳宏利、高中老師
採錄：張百蓉、彭妙卿、羅賢淑、賴玲華
時間：八十七年七月二十六日
地點：馬公市菜園里

菜園東安宮的由來

　　菜園東安宮是清朝年間分靈來澎湖的。廟中香火的由來，是一位賣什貨的人，坐船在菜園港上岸，沿路叫賣，因天氣炎熱，便將香火掛於樹上，在菜圃澆水的池子裡沖涼。沖完忘了帶走香火，到了晚間，有人發現樹上發亮，便上前查看，才發現是個香火，上面寫著「朱府王爺」四字，於是便拿回家中奉拜。後來因為非常靈驗，村人便要求讓大家共同供奉，於是石泉、前寮、菜園三社便共建一朱府王爺廟。

　　清末人口增加，三社便協議將廟分家，於是前寮分得令旗，石泉分得神像，菜園分得香爐，再各自蓋廟供奉。目前石泉、前寮仍名為朱王廟，惟菜園不知何故，改名為東安宮[三]，但主神全是朱府王爺，其中菜園的朱府元帥非常顯赫。

講述：黃明光、五十五歲、台電、專上、閩南語
採錄：黃國峘、蔡炳倫、高明娥、陶晶蓉
時間：八十六年十一月十二日
地點：馬公市忠孝路

菜園將軍廟的由來

（一）

　　以前這裡有一塊石頭很靈驗，凡是有事情，丟給他處理就好了。後來日本時代，有個日本人原田，帶著狗到菜園拜訪朋友，沒注意到狗跑去石頭那裡撒尿，結果狗當場腳就縮起來放不下去。等到日本人要回去了，才發現狗不能走路，

三　民國一○三年，筆者開設「澎湖民間故事暨觀光景點解說班」，有學員告知，當初發現香火的地方，即是他家的田，這田現在還在，賣什貨的就是在他家田裡的水池沖涼。至於改名「東安宮」，是因為後來菜園又來了位「李府王爺」非常厲害，廟裡大大小小的事都是李府王爺在作主處理。雖然主神仍為「朱府王爺」，但為表示對「李府王爺」的尊重，所以改名為東安宮。

不知道要怎麼辦。附近有人看到狗撒尿的事，就跟他說：「可能是得罪石頭公，你趕緊去燒香拜拜，那石頭很靈的。」結果才拜完，香插下去腳就好了。這石頭真的很靈驗，所以後來大家就幫石頭建了一個將軍廟，那個日本人還捐了五圓。

講述：黃祖尋、六十七歲、里長、日本教育。
採錄：張百蓉、彭妙卿、羅賢淑、賴玲華
時間：八十七年五月二十六日
地點：馬公市菜園里

（二）

菜園將軍廟神桌佛像的後邊，有一塊約一尺高的石頭很靈驗，每到過年，人們就會剪一塊紅布掛在上頭，讓它「掛綵」。有一次，村裡有一個婦人帶著狗去找保正（里長）談事情，回家時正好看到狗在石頭撒尿，回家後狗就一直在地上打滾，她的肚子也開始痛。等丈夫回家，看到他們怪怪的，就問怎麼回事。太太說了白天的事，先生就跑去問保正要怎麼處理？保正就說：「他們冒犯了神明，要趕快燒香拜拜。」結果一拜完，馬上就好了。

一段時間後，村裡的四甲老大[四]商量說，讓石頭在外頭風

四 澎湖的村莊，通常會依地理位置再分為數個小聚落，俗稱「甲頭」，一般多分為：東西南北四甲，亦有分「頂甲」、「下甲」的。

吹日曬不好，最好幫它蓋一間廟，所以就向村人募捐。大家都三角、五角的捐，只有那個婦人一個人就捐五塊。這大概是七十幾年前，我十六、七歲時的事。為什麼不叫「石頭公」要叫「將軍廟」？我們這裡有一間大廟，在蓋廟的時候，神明就下來指示說他是將軍，所以才叫做「將軍廟」。

講述：黃丁舍、八十八歲、日本教育、台語、同事的外公
採錄：蔡惠燕、邱千桂
時間：八十九年十二月五日
地點：馬公市菜園里

興仁懇靈殿的由來

興仁有間供奉朱王爺的廟，原本這裡是沒有廟的，但附近興仁、烏坎、菜園、石泉、前寮、西文、案山、東文，這八個地方會相互聯誼，有大拜拜的時候，要抬轎到各個村子繞一圈。

有一年，他們八個村子在迎神賽會，菜園的朱府王爺到興仁去。後來在回菜園的上坡路段，王爺的神轎開始打轉抬不回去。於是就請示神明：「是不是想留在興仁？如果是的話，要先回菜園，拿香火再過來。」神明說是，於是就回去請香火過來。

可是廟要建那裏？東邊的人說建在東邊，西邊的人說建

在西邊，大家吵吵鬧鬧的。這時神明降駕說，要他們等三天，自然就會知道。在那三天，現在廟的那塊地，每晚都有一盞燈亮亮的發光，於是村人就把廟建在這裡。

　　這間廟本來叫「朱王廟」，那時清朝末年，有許多人抽鴉片想戒戒不掉。於是神明顯靈，讓乩童畫符，給那些人喝拜過神明的甘露水，結果那些人就好了。後來台灣光復的時候，又扶鸞著書，勸化世人。因為做了許多功德，玉旨賜封「懋靈殿」，所以朱王廟便改名為「懋靈殿」。^五

講述：洪文愧、八十四歲、不識字、台語
採錄：徐翊倫、陳育津、范碩純、羅純霜
時間：八十七年十一月一日
地點：龍門安良廟

前寮聖姑廟的由來

　　聖姑本姓陳，是一個十七、八歲的女孩子，她的父親在台灣當官，她到台灣看他的父親。以前的交通不方便，從大陸到台灣必須乘坐帆船，但不幸途中遇到颱風，只好暫時到前寮靠岸，但是大風還是將船打翻，聖姑的船因此落難，於

五　根據資料，興仁懋靈殿建於清雍正十一年，早於菜園東安宮的道光元年。故事中所述情節，依廟中碑記記載，當為「本廟為參加合澳迎神賽會，再雕塑朱府二王以應出巡之需。」

是村民便將聖姑埋葬。

　有一晚，有人發現聖姑的墳墓發出火光，於是大家認為此處地靈，便為她蓋了廟。因為她尚未嫁人，所以稱為「聖姑」，到目前已有一、兩百年的歷史了。以前醫學不發達，她也會保佑小孩子，只要村民前去拜拜即可保小孩平安。這座廟於民國八十二年重修，後來發生火災，所以又在八十六年重建，十一月初三落成。

講述：董冬桂、五十六歲、漁、小學、台語
採錄：黃詩涵、林婉琪、蔡裕芬、蔡雅惠、林慧雯
時間：八十七年十一月八日
地點：西嶼鄉外垵村

安宅周王爺傳說

　據說周王爺原是清朝末年，由一位名叫天送的先祖伯的唐山好朋友，陳秀才攜帶來澎湖的。最初只是供於家中奉拜，後來這位秀才回唐山後沒再回澎湖，而家中的香爐卻常於早晚間發爐，同時周王爺亦託夢，表示欲至廟中受眾人朝拜。先祖伯趕緊擲筊請示，果然擲出聖筊，而安宅長老亦受到託夢，遂將周王爺迎請至廟中供奉。

　傳說周王爺很靈驗，鄰村東衛有一村民生病很久始終無法痊癒，家人覺得好像不是生病而是沖犯到鬼怪之類的，於

是至廟中向周王爺請示。說也奇怪，周王爺的指示並非藥方，而是要他準備一具棺材，廟中長老乩童大家都感到奇怪，以為神明捉弄他們。然而神明明確指示要他將棺木備妥，並於某日某時至家中祭煞。

至該時日，周王爺附身於乩童前往村民家中，至其家前卻停步不入，眾人皆覺奇怪。乩童說家中尚有一尿桶未移出，地方不潔淨，神明不願進入。待移出尿桶，乩童進入，手持令旗令劍往地上一指，指示大家在原放尿桶的地方挖掘，結果挖出一具骨骸。原來骨骸因長年埋在尿桶之下吸收人氣，屍體未腐化成為陰屍，因此造成家裡不平安。周王爺指示，骨骸挖出後裝於棺木內，抬往西南方，途中若見到有一野鳥飛起，即將骨骸葬於該地。村民依言埋葬骨骸後，病即逐漸痊癒，從此大家更相信周王爺的靈驗，於是在東衛廟中立神位奉拜，至今每年農曆正月初七，周王爺誕辰皆有慶祝。

講述：某先生、六十三歲、小學、台語
採錄：顏一文、蔡炳倫
時間：八十七年五月三十日
地點：安宅廟口

山水二王爺的由來

清朝時期，有一位唐山客到山水這個地方討生活，由於

人生地不熟，便暫時住在附近的一個山洞。隔日，因肚子餓，便到村裡找食物。他走進某間屋子，想看看有沒有東西可以吃，一不小心，撞到桌子，摔破碗，驚醒在屋內午睡的女主人。婦人大聲尖叫，村民紛紛出來探視。

　　他正想衝出去的時候，村內的壯丁已都趕至，他只好躲入床底下。村民手持木棍伸進去打他，但他的功夫十分了得，根本奈何不了他。這時有人提議用火攻，他一聽這還得了，於是，奮力一衝，突破人牆，一路飛簷走壁，躲入一個洞穴中。眾人見狀，於是向他丟船錨攻擊，最後砸中他的腦袋，臨死前他對天吶喊：「我不甘願！我死的好冤啊！」然後便斷氣死了。

　　死後他冤魂不散成了二王爺，造成當地一股瘟疫。他認為他當時根本沒有惡意，純粹只是去找食物，卻受到村民不明究理的追打，使他慘死他鄉。所以他心有不甘，便集結了一些孤魂野鬼，駛著王船在山水一帶的海域大肆作孽，揚言要使山水雞犬不留，全村滅亡。

　　這事驚動了該地區的主神太子爺，太子爺和他談判，可是談不攏。因為他覺得自己無緣無故被打死，實在是太冤了，他嚥不下這口氣，所以兩人便告到了玉帝那兒。結果玉帝裁決讓他成為王爺，靠縣吃縣，靠府吃府，才結束這件事。

講述：王先生、約三十五歲、國台語混用
採錄：陳桓毅、呂美瑩、鄭彥棻、林育穗、蕭淑雯
時間：八十六年十月二十五日

地點：馬公市

山水萬善爺廟的由來

　　山水有一間萬善爺廟，那是在大廟東邊的一間小廟，關於這廟的由來有一個傳說。據說一百多年前，有一個從大陸來的清朝士兵，武藝很好，常常侮辱村裡的女人。他的官兵身份，加上武功厲害，讓村裡的人都拿他沒辦法。有一天，他又到山水附近做壞事，整個山水里的人，都拿棍子出來打他，但卻都打不到。後來有人用石頭丟他，剛好打到頭上的太陽穴，他才暈過去。

　　山水人用船將他載到外海丟棄，沒想到他碰到海水就醒來，便一直掙扎想游上岸，於是有人用錨打他，打到頭部開花，他才沉下海去。後來他的鬼魂作祟，當時打他的人都被抓走，於是村裡的人便跟他商量：「如果你不再抓我們村裡的人，我們就蓋一間廟供奉你的神位。」於是他們就蓋了這間廟。聽說這間廟很靈驗，以前只有小小一間，現在已經蓋得很大間，有一百多年的歷史了。

講述：陳興、五十七歲，寺廟主委。幼時聽父親所說
採錄：陳勁榛
時間：八十七年九月十日
地點：馬公市鎖港里

【後記】

　　這二則故事的主角，據說名周克順，他因調戲山水良家婦女，而被村民活活打死。死後冤魂不散危害村里，經村廟王爺出面談判結果，由村人集資爲他建祠堂供奉，讓他有個棲身之地。

嵵裡水仙大帝的由來

　　嵵裡有間廟叫水仙宮，裡面供奉了水仙大帝、恩主公和蘇王爺。據說水仙大帝是由金門請過來的，祂是大禹的化身，據說水仙大帝曾到台灣出巡，但卻在出巡期間被人偷走。

　　傳說，水仙大帝有事先託夢給守夜的人，要他小心一點，有人要偷金身，可是還是被偷走，後來只好重刻一座金身。這時水仙大帝又顯靈，告訴廟公說他已回到金身，所以沒有關係。因爲澎湖只有嵵裡有水仙大帝，所以信徒們常來此朝拜，廟也越蓋越大。

講述：張清巡、六十二歲、廟祝、高中、國台語
採錄：張大健、駱俊宇、顏訓奇、楊美娟
時間：八十七年十二月十二日
地點：馬公市嵵裡里

嶼裡姑婆宮的由來

很久以前，有一個從外地來嶼裡的女人，她待人很和善，靠幫人補網和照顧小孩為生。因為她做人很好，很會替人著想，當村人工作忙碌無法照顧小孩時，她都很樂意幫忙。所以她從最初的一個小孩，到最後帶了好幾個小孩，而且她這一幫忙，就是從年輕到她百年死後。嶼裡的人們為了報答她，也為了讓後世的子孫能記得她的恩澤，就在嶼裡建了一座姑婆宮，讓當地的居民及眾人朝拜，以答謝她的心意。

講述：陳松男、五十八歲、農、小學、台語
採錄：江依芳、王佑庭、陳秀綸、張巧奇、劭靜如
時間：八十八年十二月二十五日
地點：湖西鄉西溪村

林投萬善堂的由來

林投海邊有一間「萬善堂」，是一間小小的廟，這個廟的由來是這樣的：在清朝時代，東港的東港王爺是最靈的，有一天王爺要出巡，便差使一乩童起壇。沒想到這時卻遇到一位大陸派來的官員叫金大老，這個大老爺不信神，於是把乩童抓起來打屁股。因為當時金大老官位顯赫，神明無法動他，所以這件事暫時沒有結果，一直到後來他告老還鄉，搭船回

唐山時才有結果。

那時如果從東港回唐山，船應該是走龍門港後面，往北寮方向的水路才對。但金大老的船出發後，發現前方有一艘比他還大的船，金大老的水手想：「跟在大船後面走就行了！」沒想到那艘船卻往龍門港的南邊下來，害金大老的船在尖山村前面，撞到一塊俗稱東塭仔的礁岩，船觸礁後沈沒，金大老全家也因此淹死。

整件事的因果關係，就是金大老打東港王爺的乩童所引起的，因為當時金大老已無官職在身，所以東港王爺才能把船牽引去觸礁。船沈之後，礁岩附近開始出現一些無法解釋的怪事，後來村民就提議在沙灘上蓋一間「萬善堂」來供奉亡者。所以說神明是很靈的，神不可欺，目前社會一些青年對神明不尊重，這就不對了。

講述：郭君子、八十六歲、農、日本教育、台語
採錄：張曉君、郭靜玫、陳有諒、李龍山、陳嬿秋、黃蕙君
時間：八十七年十一月十八日
地點：湖西鄉林投村

林投薛恩主的由來

很久以前，林投有個人出海捕魚，結果發現在十里外的海上，有東西發出光芒。他開船去看，原來是一塊木頭在放

光，他覺得很神奇，就把它撿回來。撿回來後，這塊木頭就指示說，它僅能用於雕刻神像，此外別無用處。於是村民便把木頭送去雕刻，雕完後，神像自己發聲說：「我是薛恩主公。」從此他就成爲林投這裡的主神。

講述：陳遠、七十二歲、國小
採錄：王娵恩、王俞沛、王嬿茹、陳靜琪
時間：八十六年十月二十四日
地點：湖西鄉林投村

林投萬恩主的由來

　　從前林投後面有一座蓮花山，山上有一塊木頭，常有放牛的孩子去那裡玩，若是把木頭當馬騎，或是做其他不禮貌的事，就會生病，要去拜拜才會好。若是有漁民出海找不到方向，木頭就會放光，指引他們回來。後來就把這塊木頭拿去雕神像，才知道是萬恩主。

講述：王先生、約三十五歲、國台語混用
採錄：陳桓毅、呂美瑩、鄭彥棻、林育穗、蕭淑雯
時間：八十六年十月二十五日
地點：馬公市

菓葉龍鳳宮的由來

很久以前，傳說菓葉龍鳳宮那裡有一隻「雞精」，因為有雞精，所以沒有人敢住那裡。後來，村民提議在那塊地建一座廟，一來可以提供民眾一個拜拜求平安的地方，二來也可藉廟趕走雞精。於是大家就同心協力建了這間龍鳳宮，廟才建好沒幾天，那隻雞精就不見了。

講述：陳明力、七十九歲、日本教育
採錄：王品樺、羅惠玲、王慧玲、謝政呈、蔣明蓁
時間：八十七年十一月十四日
地點：湖西鄉菓葉村

沙港北極殿的由來

從前沙港有一間土地公廟，廟已經破舊不堪，廟裡供奉三尊神明：開天聖帝、玄天上帝、張府王爺。這三尊神像因為廟宇破舊，被風吹日曬雨淋，而村民實在太窮，沒有能力蓋新廟。村裡有一位老婆婆，看了很不忍心，就買了三頂斗笠載在神像頭上，並向三尊神明祈求保佑家中大小平安。

這位阿婆有一位兒子，十八歲時生了重病，經澎湖的醫生治療沒有效果，要送到台灣的大醫院。臨去前阿婆對神明

發願說：「因為家裡太窮，沒有辦法替祂們蓋廟，但如果兒子赴台能把病醫好，會把三尊神像恭迎回家供奉。」後來，阿婆的兒子奇蹟似的好了，阿婆就真的把三尊神明恭請回家。

　　過了好幾年，村裡一連出了許多事情，村裡的人就猜是不是這些神明想回廟裡來。所以就到阿婆家向神明擲筊請示。當天神明就托夢給一位老者說：「如果村民能把破廟稍微整理一下，能讓三尊神像回去住，一定會讓村民賺錢。」老者向神明說：「如果要讓村民相信，你們一定要顯靈，要有一些事蹟，村民相信了，才會出錢出力來重蓋廟宇。」

　　後來真的！玄天上帝顯靈讓村民賺錢，那時是民國五十年了。之後村民就慢慢存錢，直到民國五十四年，玄天上帝向村民表示可以開始建廟了，村民說錢恐怕不夠。玄天上帝說：「不必擔心，錢一定沒問題。」於是就開始建廟。

　　真的很神奇，每逢好天氣出海捕魚，都有很好的收穫，所以廟就在五十六年興建完成，整個村裡都很富有又一切順利。連外地人到這裡請示玄天上帝，都能有求必應。當初那位阿婆的家裡也變的很富有，這就是沙港玄天上帝的事蹟。

講述：歐翁秋女士、約五六十歲、商、不識字、台語
採錄：翁慧敏
時間：八十七年十一月二十九日
地點：馬公市

八大人公廟的由來

北海虎頭山那裡有一個炭坑，後來炭坑垮了死了八個人，於是就蓋了一座八大人公廟來祭拜他們，村民有經過就會去拜拜。傳說這廟很靈驗，出海前來拜拜就會捕到很多的魚，所以我爸爸要出海前，都會先來這裡拜拜。^六

講述：陳宋秀麟、六十九歲、藥房老闆娘。幼時父親講述
採錄：姜佩君
時間：八十六年七月二十六日
地點：馬公市正安藥房

龍門安良廟的由來

（一）

以前在一個荒涼、四周無人的地方，每到日落，就會有一輪紅彩，由西南方慢慢升起而後墜落。墜落後隱隱約約的可看到三個很大的人影，村民看到都感到很奇怪。一段時間後，經人指點，知道此地有聖真降臨，於是村民就建了一間簡陋的竹屋，供奉三位聖真的神位。此後村民都更健康、更

六　八人公廟位湖西太武山下，據碑記記載，清末台澎割讓日本，有八名清兵奮勇抵抗犧牲，村民就地將八人埋葬，尊稱爲「八人公」。後因威靈顯赫、有求必應，村民集資建「八人公廟」。

平安，因此來廟裡拜拜的人就越來越多、越來越興盛。

　　有一天，廟裡連續發爐三天三夜，村民感到非常奇怪，就擲笅祈求神明指示，才知道這三位聖真乃是安南的李恩主、安徽的伍恩主、江西的黑恩主，奉玉帝之旨來到此地鎮守。後來由信士劉必勝提議，把簡陋的廟重新建設，完工後，因為這三位神明都是聖真，所以就稱這廟宇為「聖真殿」，後來重建才改叫「安良廟」。

講述：洪振秋、四十八歲、小學、台語
採錄：徐美麗
時間：八十七年十一月十五日
地點：湖西鄉龍門村

（二）

　　早期我們村裡有一些地主，想要蓋一間小房子服侍聖真的神明。這些弟子很誠心，在吃飯前都要先拜神明再吃。後來黃昏時，在一塊曠野荒地，常常有一輪紅光，由西南方冉冉上升，然後消失不見。所以村裡就有人燒香拜拜問：「是不是有聖真要來讓我們朝拜呢？」結果擲出聖杯。我們村裡的秀才，看了這裏的風水說：「如果這間廟蓋起來，會庇蔭我們這個村里。」後來就蓋了這間廟叫「聖真殿」。

　　很多年後，有人提議要翻修這間廟，於是村裡就按「四

甲頭」^七來分，看一甲要出多少錢，大家湊一湊來翻修，後來就重修的比較大間。村裡的信眾都很虔誠，比如說這塊地，苳長的很多，就會說要捐多少苳，然後賣的錢就給廟添香油錢。如果遇到廟要做醮，整村的人都會去幫忙。

講述：洪文愧、八十四歲、不識字、台語
採錄：徐翊倫、陳育津、范碩純、羅純霜
時間：八十七年十一月一日
地點：龍門安良廟

西溪忠勇侯的傳說

　　西溪村的忠勇侯廟，以前叫王公宮，裡面拜的是忠勇侯。傳說忠勇侯文武雙全，曾中過武狀元，後來跟著岳飛打仗，立下很多功勞，所以死後成神。

　　也有人說他很有錢，做了很多好事，而且很慷慨，不論跟他借什麼東西，他一定會答應。後來有神仙要試他，故意向他借右手，沒想到他馬上用劍砍斷手借給他。以前醫藥不發達，他就這樣流了很多血死了，不過也因此變成神。所以現在西溪的忠勇侯少了右手，就是這個緣故。

講述：陳松男、五十八歲、農、小學、台語

七 同頁八，註四。

採錄：江依芳、王佑庭、陳秀綸、張巧奇、劭靜如
時間：八十八年十二月二十五日
地點：湖西鄉西溪村

講美龍德宮的由來

（一）

　　講美的龍德宮，據說是全省唯一供奉玉皇三公主的廟。傳說很久很久以前，講美村的村民都是以農業維生的，後來因為收成不好，所以全村村民便合力建了兩艘船，給村內的壯丁出海捕魚，以貼補收入。後來在一個颱風天，村民冒險出海捕魚，結果被颱風吹到唐山，被當地的神明所救。獲救後，他們就暫時住在那裡，並且到當地一間專門救討海人的廟拜拜答謝，他們認為是這座廟的神明顯聖救他們的。

　　一、二個月後要回去了。臨走前，他們去拜拜，請求神明保佑他們平安回家，然後就開船回去，開了很久很久才回到講美。回到講美後，他們覺得被神所救，應該要報恩，所以這些年輕人就把那兩艘船做得更美更堅固，再度到唐山的那個廟謝恩。

　　救他們的廟是供奉玉皇公主的，廟中共有七位玉皇公主。他們到了以後，就上香祈求說：「我們是遠從澎湖講美村來的，上次蒙你們搭救，現在想迎你們的香火回去澎湖講美，不知道可不可以？」說完就擲筊請示，結果七位公主中有五

位說好，所以就請了五位公主的香火回澎湖供奉。

因此，現在講美龍德宮的玉皇公主只有五尊，以三公主為主神，和唐山的祖廟不同。這是因為當時去迎香火時，擲筊請示是那一位公主救他們的，他們回答是三公主，所以龍德宮就以三公主做為主神。

講述：吳仲堯、十八歲、學生、專上、聽講美村耆老所述
採錄：吳同堯、彭嘉惠、李青燕
時間：八十六年五月二十五
地點：馬公市民族路

（二）

講美龍德宮至今約有三百多年的歷史，以前的主神是三太子，所以稱龍德宮，而今供奉了五位玉皇公主，主神是玉皇三公主，副神是三太子，雖然如此，還是叫做「龍德宮」。

相傳清朝時，村民出海捕魚遇到颱風，狂風暴雨中，船上的人一直對上天祈求保佑。後來船安全靠岸了，上岸後發現一座廟宇，裡面供奉玉皇大帝的七位公主，於是大家跪下來感謝神明的保佑。後來得知是玉皇三公主搭救的，於是便恭敬的將三公主請回講美供奉，成為龍德宮的主神。

原本請回來的只有三公主而已，後來怕三公主寂寞，才又請回另外四尊玉皇公主，原本在大陸有七位玉皇公主，但

是願意過來的只有五位而已。

　　台灣光復後，有駕駛轟炸機來澎湖丟炸彈的美國人，來到龍德宮，看到裡面的玉皇三公主，就指著祂說：「就是祂！就是祂！就是祂用裙子把炸彈接起來丟入海中，才讓這裡沒被轟炸到。」

　　十幾年前，有台灣漁民出海遇到颱風，機器故障，大家都放棄希望時，恰巧玉皇三公主出海雲遊看到了，便幫忙他們的船在一個無人島靠岸，指點他們回家的路，還告訴他們有機會要到澎湖參拜一下。

講述：蕭慶方、六十一歲、龍德宮管理員、小學、國台語
採錄：陳美慧、楊雅如、薛小琪、許雅婷
時間：八十八年六月五日
地點：白沙鄉講美龍德宮

通梁客公廟的由來

（一）

　　傳說以前荷蘭人的船艦跟我們的船艦互相廝殺，有一些傷亡，之後就有荷蘭人的屍體漂到跨海大橋的海邊。因屍體很多又發出惡臭，於是居民就把屍骨埋在一起，為他們建一座廟叫「客公廟」，因為他們是遠方來的客人。

講述：易金龍、六十五歲、種田、賣冰、小學
採錄：王瑋逸、林東震、許俊豪、郭淑珍、葉韶晴
時間：八十七年十一月一日
地點：跨海大橋

（二）

在接近跨海大橋的路旁，有間「客家公」廟，傳說是當時海上飄來一具屍體，被當地村民埋葬。後來他大陸的子孫來澎湖，發現是自己的祖先，便在墓前搭了座小廟祭拜他，日子久了便有了靈氣。

有次，有位婦人經過想進廟休息，卻因廟門太小撞到頭，於是便破口大罵，等要回家時，突然全身一軟不停發抖。後來大家覺得廟有靈，便重新整修了廟。據說此廟是個福地，風水很好，所以他的後代子孫都飛黃騰達。

講述：葉先生、七十歲、高中、國台語
採錄：陳逸平、陳逸輝、吳玉霜、紀心婷
時間：八十七年十一月十四日
地點：湖西鄉菓葉村

（三）

　　據說唐山有三個一起打魚的漁夫，同時愛上一位少女。有一天行船經過台灣海峽時，遇到大風浪翻船，三個人都死了。後來通梁村民出外捕魚，發現三個人的屍體，便將屍體帶回村裡埋葬，還建了一間廟供奉他們。

　　據說廟建好之後，漁民只要到廟來拜拜，所求的事都會一一實現，所以稱他們為有應公。又因為三人是唐山來的，算是通梁的客人，所以就取名為客公廟。

講述：鄭天賜、七十歲、日本教育、台語
採錄：顏慧嬋、馬金足、吳錦惠、曾筱芸
時間：八十九年十二月十七日
地點：白沙鄉通梁村

通梁三十人公廟的由來

（一）

　　據說清朝時，荷蘭人在虎井附近與清兵打仗，死了很多人。其中有一些屍體漂流到通梁海邊，村民將這些屍體殘骸打撈上岸埋在一起，大約有三十人，後來就在這裡建了一座小廟供奉他們叫「三十人公廟」。原先廟是在墓的後方，後來因產業道路拓寬，廟反而變在墓的前面。

講述：鄭天賜、七十歲、日本教育、台語
採錄：顏慧嬋、馬金足、吳錦惠、曾筱芸
時間：八十九年十二月十七日
地點：白沙鄉通梁村

（二）

　　傳說當年因為打仗，有一群人在虎井被殺，屍體漂到瓦
硐，在海邊堆了一堆。因為泡水外加太陽曝曬，屍體腐爛滋
生蠅蟲，村人看了可憐，就在現在「三十人公廟」的地方，
做了一個塚將他們合葬，使他們免受風雨之苦。

　　俗話說：「無功不受祿」，這些人受了村人的恩惠，所以
就常常顯靈保佑村莊，村民有事相求都能實現，所以後來村
人就幫他們蓋了一間「三十人公廟」。

講述：潘曾文平、六十五歲、日本教育。護士與病患
採錄：陳玨君
時間：八十九年十二月八日
地點：國軍澎湖醫院洗腎室

（三）

　　從前荷蘭人攻打澎湖，虎井人因爲不甘受到侵略，所以有三十六個人出來和他們對抗。但荷蘭有數十艘戰艦，怎麼打得贏？後來他們全都死了。

　　因爲荷蘭人很生氣，所以就把他們的頭砍下來丟到海裡，這些人頭就飄到後寮及瓦硐的海邊，被當地居民撿起來，分成兩堆：西邊六個、東邊三十個。東邊這邊就蓋了一座「三十人公廟」祭拜他們，據說非常靈驗。

講述：許鄭秋紅
採錄：許英倫、徐明雄、蔡政宏、呂婉如、林秋雲
時間：八十七年五月十九日
地點：馬公市

大倉金恩主的由來

　　當時，大倉是沒有這間廟的，村民都靠抓魚爲生。有一天，幾個村民到外海釣魚，其中一人釣了一尾不小的石斑魚，他抓起魚靠近嘴邊說：「這尾魚很大，吃起來一定很好吃。」才說完，魚剛好掙扎了一下，蹦的一聲，就掉進這人的嘴裡，正好卡在喉嚨，吞不下去也吐不出來，沒多久人就倒下來。旁邊的人以爲他死了，就載著他回到村裡。

　　這時村裡突然有個少年像乩童般跳起來說：「我是金千歲，代天巡狩來到這裡，看到這個人發生這種事，我要救他。」

馬上叫人準備劍和水。金千歲拿起劍、一碗水和一張符，用劍把這人的嘴打開，將符水倒進去，過了五分鐘，這人奇蹟似的活過來。因為全村的居民都親眼目睹了這個神蹟，於是就蓋了現在這座廟來供奉金千歲。

講述：李仁猛、五十一歲、室內裝璜、小學、國台語
採錄：劉淑玉、李美月、薛孟君、歐秋燕、翁雪琦
時間：八十七年十一月二十一日
地點：湖西鄉成功村

竹灣大義宮的由來

（一）

竹灣大義宮的主神為關聖帝君，為二百年前由福建泉州六合宮信眾，來澎湖墾荒時帶來的。最初是由小門、合界、竹灣、橫礁四個地方共同供奉，所以稱為四合宮，後來因為某些村莊的路途比較遠，交通不方便，所以就有些村民抓了宮裡的香灰回去供奉，久而久之每個村莊都有各自的廟了，廟中的主神大部份還是關聖帝君。

講述：蔡宗正、七十三歲、大義宮廟祝、日本教育、台語
採錄：李書瑩、康淑蘭、陳俊勳、方心舫

時間：八十七年十一月八日
地點：西嶼鄉竹灣大義宮

（二）

　　聽說竹灣有一戶人家，變賣了所有財產，造了兩艘遠洋漁船專門捕魷魚。他們出海的第一趟滿載而歸，第二趟雖也滿載，但卻被阿根廷政府，以違法進入領海捕魚爲由扣下來。

　　當晚船員睡覺時，睡夢中有人叫他們快發動船，準備出港回澎湖。大家醒來互相講說怎麼都做同一個夢時，奇怪的事發生了，船自己發動開出港口，而此時的天空是一團厚厚的濃霧，等阿根廷的船發現，已經無法追上，所以他們就平安的回到澎湖。

　　回家後船員們向村民說，夢中要他們趕快起來開船逃走的，一個紅臉、一個黑臉、一個白臉。而紅臉、黑臉、白臉，正是關公、張飛和劉備，是竹灣廟供奉的神明。大家覺得神明很靈驗有保佑他們，於是大家有錢出錢、有力出力，前後經過十三年，終於建成現在這間「大義宮」，成爲西嶼的觀光勝地。

講述：楊淑女、七十二歲、家管、日本教育、台語
採錄：蔡玉雯、楊美秀、陳淑蕊
時間：八十八年十一月三日

地點：西嶼竹灣廟口

大池治安宮的由來

我們這裡的玄天上帝，是以前村民在海邊巡邏時，在一艘大陸失事的漁船上發現請回來的。這艘失事的船上有一尊玄天上帝神像，村民把他迎回村中，蓋了一座廟來供奉他。因為要配合風水，所以就把廟蓋在海邊上頭一點點的地方，廟的東邊有一座龜山，西邊有一個蛇穴。

傳說玄天上帝以前是殺豬為生，死後他的腸子變成一條蛇，胃變成一隻烏龜。所以入仙班後，手拿七星劍，一腳踩龜、一腳踩蛇，正好符合這裡的風水，所以村民就蓋了廟來供奉他。玄天上帝在西嶼這裡，有許多顯靈的事蹟。

講述：陳喜發、七十六歲、日本教育、台語
採錄：陳雅玲、李銘芳、林珍妮、王秋茹
時間：八十七年六月
地點：馬公市

二崁後灣仔叔公的由來

大概是清朝末年的時候，有一個二崁人去釣魚，走到後灣的時候，發現一個大水櫃。他就找人幫忙把水櫃運回去，

然後把水櫃撬開，裡頭是一個死人，手裡還拿著一把閹豬的刀。所以他們推測：這人可能是遇到海賊，所以躲到水櫃裡，可是還是難逃一死。

那時二崁的傳統是，漂流來的屍體一定要把他安葬好，可是又不知道他的姓名，因爲是在後灣發現的，所以尊稱他爲「後灣叔公」，以撿到他的日子做爲忌日來祭拜他。

後來有一年，澎湖發生雞瘟、豬瘟，就有人想到「後灣叔公」手拿閹豬的刀，也許可以保佑家裡的雞豬，就去參拜他。結果生病的雞豬都好起來了，於是大家都去拜，後來就演變成如果家裡有養雞養豬的，就要去拜「後灣叔公」，「後灣叔公」變成二崁這裡牲畜的保護神。

講述：陳添丁、五十九歲、理事長。古時候傳的
採錄：郭雅琪、劉愛治、呂嘉華、王雅玲、辛惠瑜
時間：九十年五月二十日
地點：西嶼鄉二崁村

赤馬赤樊桃宮的由來

三百年前的某一天，有火光三點在西邊運轉，不久就有神明指示，有朱、柳、李三位王爺來此鎮守，要村民建廟供奉這三位王爺。因爲不敢直呼神明姓氏，就以赤、樊、桃三字代替。赤是近朱者赤，柳稱爲樊，桃李常並稱，因此這間

廟就叫赤樊桃殿。

有一次，村裡來了海盜，想在村裡搶些東西回去，神明發現了，就把海盜引至廟前，讓他們一直磕頭跪拜乞求饒命，從此海盜再也不敢來，村民則更加相信神明靈驗。

講述：蔡佳召、七十五歲、廟公、不識字、台語
採錄：林志賢、高慧珠、林嘉芰、朱敏蕙、黃淑卿
時間：八十七年十月三十一日
地點：西嶼鄉赤馬村赤樊桃宮

內垵相公廟、夫人廟傳說

相公廟及夫人廟位於西嶼內垵村，由廟名可以推知他們應該是一對夫妻，既然是夫妻，為何死後廟分二地，不能合在一起呢？原來他們的確是一對恩愛的夫妻，生性喜愛幫助別人，只是他們總是會為幫助什麼人而爭吵，比如說相公說幫助某甲，夫人就說幫助某乙。二人死後，村民為感激他們，就為他們立了一座「相公夫人廟」供奉他們。

但是不久問題來了。每到人靜夜深的時候，廟裏就會傳出吵架的聲音，村民不知道為什麼會這樣子，因此就來擲筊請示。原來他倆死後還是不忘幫助別人，但也不忘爭吵一下，想不到一吵就吵到村民了。村民問他們，是不是為他們分別建廟比較好？他們點頭答應，為了村民，他們願意採取約會

的方式見面。所以「相公夫人廟」就變成現在的「相公廟」
及「夫人廟」。二間廟雖然分開了，但其實他們還是很恩愛的。

講述：章美淑、二十歲、學生、專上、國語、小門耆老所述
採錄：謝佩璟、李慧菁
時間：八十六年六月十二日晚
地點：西嶼鄉小門村

內垵內塹宮的傳說

　　相傳唐代有位池姓大人，勤政愛民受民愛戴。某日他出
海巡行，不幸遇上大風浪，因此翻船遇害。當地百姓為感念
池大人，便設立牌位供奉他。玉皇大帝知道此事，便封池大
人為「代天巡狩」，巡行各地保護人民。

　　傳說池大人死後，有漁民在海上撿到一塊浮木，便將此
塊浮木視為池大人的化身，雕刻成神像，供人膜拜，所以也
有人稱池大人為「海神」。

　　池大人代天巡狩，巡行四處，最後落腳於澎湖內垵的「內
塹宮」。據說內塹宮原本為觀音娘娘之寺，池府王爺向其借
地，相約暫將觀音娘娘迎至宮內三樓，他日再為其單獨建寺
供奉。大約五年前，觀音娘娘便提出此事，要在他地另建寺
廟，而宮內池王爺也起壇說明此事：「感謝觀音娘娘當初借地
相助，委屈了十多年，現在希望社里的長老、執事、民丁大

力相助，支持觀音娘娘建寺。」此後觀音娘娘在內塹宮的東邊，自己尋地、測地，經過數年興建，終於於今年國曆八十六年十一月九日落成，取名為慈音寺。

講述：黃明光、五十五歲、台電、專上、閩南語。
　　　洪麗琴、二十五歲、商
採錄：黃國峘、蔡炳倫、高明娥、陶晶蓉。洪美黛
時間：八十六年十一月十二日
地點：馬公市忠孝路

外垵的先師公廟

　　據說以前外垵的村民在海邊撿到兩塊人的屍骨，村民若有筋骨酸痛的毛病，只要拿骨頭來按摩按摩，酸痛就會不藥而癒。因為有如此神效，人們就將它視為神明供奉起來，就這樣一傳十，十傳百，最後就有了這間廟。因為這二塊骨頭就像醫生一樣，能醫好人的病痛，所以取名為「先生公」（台語醫生之意），後來就傳成「先師公」。

講述：李文富、六十一歲、自由業、專科、國台語
採錄：許依婷、江玉琳、莊雪如、劉蒲霏、吳佳慧
時間：八十八年十一月二十一日
地點：西嶼鄉外垵村

望安萬善堂的由來

望安有一個萬善堂，那裡有一個龍口穴，而在將軍與望安中間有一塊岩礁，這塊岩礁就是龍珠。

據說從前望安有一位姓許的有錢人，從大陸請來一位地理師看風水，地理師四處看，最後看到了這個龍口穴，他要許員外把祖先的骨灰葬在這裡，許員外也答應了，所以地理師就擇定下葬的時辰及日子。

到了那天，地理師要許員外拿著祖先的骨灰划船出港，來到龍珠的位置，要員外從這裡把骨灰罈丟下去。員外覺得奇怪，就問地理師為什麼。地理師說：「骨灰罈從這邊丟下去，自己就會跑到龍口那裡。」許員外覺得懷疑，不知地理師說的是真是假。

他們一大早出門，一直到中午時辰到了，卻一直下不了決定，因這是祖先的骨骸，萬一沈入大海不見了，那他就不孝了。最後，時辰到了，員外還是丟不下去，地理師不得已，只好從船上拿一塊船板，丟入大海中，然後要他們將船駛回來了。回來後，地理師要員外找人去龍口穴挖，一挖，果然發現那塊船板。但地理師說，這個穴一旦被挖開就破了，也就是說，即使現在再把祖先的骨灰葬下去也沒用了。

這個穴因為被破了，所以地方開始變的不安寧，經常會出一些事情。所以居民就找來一些豬骨、雞骨、狗骨等埋在此處，然後用石碑寫「萬獸堂」來鎮壓。後來「萬獸堂」漸漸被稱為「萬善堂」，每當逢年過節，這個地方常常會發光，

附近的居民便會去祭拜它。至於那個龍口穴，就位於現在望安鄉東安村潭門港的港口附近。

講述：顏開發、六十歲、初中、台語、父女。聽岳父講述
採錄：顏慧嬋、馬金足、朱淑勤、陳亞慧
時間：八十九年十二月十五日
地點：馬公市西文里

望安西安村土地公廟的由來

　　望安西安村有一個「土地公港」，從前西安村還沒有碼頭的時候，所有的船都是由土地公港出海，當時人民的生活很困苦，都是靠搖槳出海捕魚。

　　大約在八、九十年前，海上漂來兩塊石頭，石頭的樣子，很像土地公與土地婆，所以就被撿到岸邊立起來。每當村民要出港前，或是在這裡等潮夕、等同伴，就會向石頭看看摸摸，結果這些人出去都很平安，抓到的魚也比別人多。

　　大家覺得很奇怪，便將它移到石頭邊，再撿一些破木板圍起來，後來越圍越好，就開始有人拿東西來拜。漸漸的，全西安村在這裡出入的人，都拿東西來拜，大家的漁獲量也越來越好。

　　到了民國六十幾年，大家就二百、三百的，出錢蓋這間土地公廟，這裡就被叫「土地公港」。到了八十三年我當村長

的時候，還曾經來幫廟重新整修、粉刷。

　　從前港口還有阿兵哥駐守，阿兵哥也會到廟裡拜拜，後來阿兵哥撤走了，警察也撤走了，原本在那裡出入的船隻，也都移到西安碼頭，出入「土地公港」的人少了，拜的人也就少了。

講述：陳朝虹、三十九歲、公務員、高中、國台語、朋友
採錄：陳秋熹
時間：八十九年十一月二十八日
地點：望安加油站

鳥嶼岳府王爺的由來

　　小時候聽老一輩的人說，我們鳥嶼從前沒有宮廟，只有路邊的一間小土地公廟而已。那時大家對神明都沒有什麼信仰，後來才有「岳府王爺」來此救世。

　　那時科技還沒有現在這麼發達，大家都是燒灶，一些老人家都會到海邊撿漂流木。有一天，一個老人天一亮就去海邊撿木柴，遠遠的看到海邊「怎麼有一個人，長的這麼高大！」就跟他說：「我早，你還比我更早。」

　　以前海邊有很多的大石頭，他就走下石頭去看他，「咦！怎麼沒人！」之後，便時常在夢中看到他，跟他說：「我是岳府王爺，要來這裡『興』、來這裡救世。」因為那時大家都沒

有信仰，所以都不相信。

後來，祂開始跟老人說：「明天什麼人會發生事情，或是村裡什麼人會生病，你要用什麼方法幫他處理。」一段時間後大家才開始相信。相信之後，王爺說要雕金身蓋廟，可是大家三餐都有問題，怎麼有錢蓋廟？王爺說祂自然有辦法。

然後王爺開始會跟弟子說：「某日某時你們到海邊，會有什麼東西出現，可以拿去賣。」到了時間果然有東西飄過來，大家就拿去賣，賣了之後才有經費來蓋廟。就這樣「岳府王爺」開始雕金身，在鳥嶼興旺一直到現在。

講述：林志書、三十五歲、工、國中、台語
採錄：陳雪華
時間：八十八年六月七日
地點：馬公市前寮村

鳥嶼八佐王的由來

黃府宮大約建於清道光十九年，供奉的是「八佐王」又叫「黃府千歲」。相傳以前唐山的漁民到海上捕魚，遇到大風浪，船快要翻了。於是船上的八個人，就把船上的米倒到一個水櫃裡，人也跟著跳到裡面去，打算要隨浪漂流，看能不能獲救。但可能是水櫃沒有水及空氣，所以水櫃裡的八個人就死了。

　　水櫃隨著海浪漂流到鳥嶼東邊的一處海岸，就是現在建廟的位置，被到海邊抓魚的魏姓祖先看到。他打開水櫃看到裡頭有米和腐爛的屍體，米泡在屍水裡，一副很髒、很噁心的樣子。但由於以前的人都很窮，很少有米可以吃，所以他就撿那些米回去，洗一洗煮來吃。結果凡是吃到米的家人都被附身起乩。

　　被附身的人向大家說，他們是水櫃裡的那八個人，想要在這個地方建廟救世，於是魏姓的祖先就蓋了一間廟來供奉那八個人。自從建廟以後，就沒有再發生附身起乩的事，而且他們也非常靈驗，從此以後這間廟，就由魏姓子孫一代一代傳下去祭拜。

講述：涂況淨、五十二歲、教師、大學、國語
採錄：魏佳君、蕭心如、魏雅嫻、雷雅雯、許梅君
時間：八十七年十二月十三日
地點：白沙鄉鳥嶼村

二、宮廟傳說

井垵北極殿建廟傳說

當初北極殿要建廟的時候,是真武大帝顯靈,親自到唐山買木材的。祂要店家將木材運到風櫃里的四角嶼和雞籠嶼的中間便丟下海,讓木材自己漂回井垵。

當時的人比較窮,就有一些人將木材撿回去,但是這些木材上都印有「井垵北極殿玄天上帝」的字樣。不久這些撿木材的人,身體都有或多或少的不舒服,他們去自己村中的宮廟請示,才知道這些木材是井垵北極殿玄天上帝建廟用的,他們聽了才趕快把木材送回井垵,身體才好起來。然後大家有錢出錢、有力出力,北極殿才順利建造完成。

講述:石天佐、四十九歲、漁、小學、閩南語、父女
採錄:石慧琪、楊瑜璿、陳美竹、莊惠如
時間:八十六年十一月
地點:馬公市井垵里

紅羅村北極殿建廟傳說

據說當年紅羅村選了十八個壯丁要蓋北極殿,可是沒有材料可以蓋,結果玄天上帝顯靈,自己到台灣去買材料。祂

把買好的材料放到海中，讓木材一枝枝的飄回澎湖。

　　結果飄到員貝時，附近的漁民看到了，就把木材撈回去。撈回去後卻赫然發現，每枝木材上都刻有「紅羅北極殿玄天上帝」等字。漁民們想，撿了這些有字的木材回去也沒用啊，所以就用刨刀把字削掉。可是才一削掉，字馬上又浮出來，大家看了都嚇呆了，想說這神怎麼這麼靈感，連忙把撿來的木材重新放回海中。這樣木材才順利的飄到紅羅村北極殿前的海邊，紅羅村的居民把這些木材撿起來，就蓋了這間北極殿。

講述：林先生、七十五歲、洪羅廟公會頭家
採錄：鄭靜宜、李淑婷、顏蕙瑜
時間：八十六年十月二十四日
地點：紅羅村北極殿

赤崁龍德宮建廟傳說

（一）

　　赤崁龍德宮三太子爺的金身尚未雕成時，只是用一塊木頭讓人祭拜。龍德宮所在地是張百萬捐贈的，自從他捐了此地後，就漸漸敗落了。

　　為何龍德宮會以木頭來讓人祭拜？傳說當時有位漁夫，

每天出海釣魚都有很好的收穫。有一天,他出海釣了好久的魚,都沒有收穫,這時突然有一塊木頭飄過來撞到船。漁夫因為收獲不好,心情很差,所以就把木頭丟得遠遠的,繼續釣他的魚。可是不一會,那木頭又漂至船邊,他又把木頭丟開,不久,木頭又漂回來,如此連續好幾次。最後,漁夫心想:「我若把木頭撿起來,老天就得保佑我釣到魚。」撿起木頭後,果然魚兒便一直上鉤。回家後,漁夫隨手將木頭丟至鴨寮旁的木柴堆裏,也不去理會它。

平常雞鴨經常在木柴堆裏大便,奇怪的是,雞鴨從不在這塊木頭上大便。而且鄰居時常看到木柴堆裡,放出五光十色的光芒,非常漂亮。最後三太子顯靈,說此木頭要拿到某雕刻店雕刻作為他的金身。村民便按照三太子的指示去做。

不久,要請回金身,三太子託夢給廟的人,指示他們要請金身時,要確認鼻頭有三滴汗、嘴邊有一顆痣的,才是真正的神像。隔天,到了雕刻店,裡頭有許多神像。這時,雕刻師傅剛好洗完手,隨手一甩,便甩了三滴水在其中一尊三太子的鼻頭上,正好又有一隻蒼蠅,飛來停在三太子嘴邊,於是寺廟的人便請回這尊三太子神像。

有了金身,便要建廟,傳說廟是三太子親自至唐山買木材回來建的。當時在碼頭旁有兩家木材行,第一家生意很好,第二家生意比較清淡。三太子化為孩童向第一家買木材,老闆看他是個小孩,便不賣給他。三太子只好到第二家,第二家老闆不僅照單全收賣給三太子,又照他的話,將木材放在海邊漲潮淹得到的地方。結果,當晚潮水大漲,一下子就把

所有的木材漂回赤崁。隔天，木材店的老闆才發現，三太子付的錢，全部變成紙錢。

漂回來的木材中，有一兩枝被一個西嶼人撿到，他想占為已有，但木材上都有「大赤崁龍德宮」的字樣，所以他就用斧頭把字砍掉，沒想到字愈砍愈大，最後還砍傷自己，而且怎麼治都治不好。最後只好去問神明，才知道這是侵佔神明木材的緣故，只要將木材送回去，就可不藥而癒。這西嶼人照著做，傷果然就好了，從此三太子便威名遠播，得到村民的尊敬。

講述：張勝舜、三十六歲、漁、高中、閩南語
採錄：張惠娟
時間：八十六年五月二十五日
地點：白沙鄉赤崁村

（二）

明朝末年時，泉州人來這裡打魚，清明節來中秋節回去。日子久了，覺得這樣兩邊奔波太累，乾脆就在這裡定居，住在赤崁的東崁地區。其中有一位張百萬，他後來因為撿到黑金致富。來的那些人，就在附近蓋了一間水仙宮的小廟祭祀三太子。

有一天三太子托夢說：「他要來這裡建廟，他人已經來

了。若村民不相信，可以在晚上的時候，從村外往村內看，就可以看到他。」那時候大家對這種事不怎麼相信，不過從前從赤崁下馬公要花很久的時間，早上到馬公辦事，回來天色就晚了。

所以有村民晚上回赤崁時，就看見村子有一道紅光，裡面隱隱約約有一間廟，等走近一點看，又不見了。他們覺得很奇怪，想起三太子的托夢，說他的金身就在那裡，只要他們去看一下，就可以找到。於是村老就去找，發現那裡有一間雞舍，雞舍上面有一根木頭材質很好，而且其他木頭都沾滿雞屎，只有這根很乾淨沒有雞屎。所以村老認為這根就是要雕刻金身用的，就把它送到台南，給一位雕刻師傅雕刻。

神像要請回來的前一天，三太子托夢告訴他們：「神像放在櫥櫃中，鼻頭有三滴汗的，才是真正的三太子。」原來雕刻師傅知道木頭材質很好，雕好後起了貪念，想佔為己有，所以就用另一尊神像魚目混珠。村老得到指示，一直說這尊神像不是他們的，櫥櫃裡鼻頭有三滴汗的神像才是他們的。爭到最後，打開櫥櫃，果然有一尊鼻頭有三滴汗的神像。雕刻師傅嚇一大跳，知道三太子靈驗，所以又自動奉送一尊小尊的三太子神像賠罪。

龍德宮建廟的廟地，是張百萬捐獻的。據說這塊地，本來是張百萬要自己蓋房子的，他請風水師來幫他看風水。風水師在清晨勘查這塊土地時，發現有一個巨大的天人出現在眼前隨即不見，第二天又是如此，他覺得很奇怪，一定是暗示什麼，就到附近走走看看。走著走著就走到水仙宮裡，才

發現他看到的巨大天人就是三太子。他想神明這麼做一定有
深意，就回去跟張百萬說，不要在這裡蓋房子，我再幫你找
一個風水更好的。

後來風水師就在瓦硐找到一塊「八馬拖車」的福地，他
要張百萬把房子蓋在那裡。張百萬很相信風水師的話，就決
定在瓦硐蓋房子，搬到瓦硐去。後來果然就很發達，發達後
就把那塊地獻給龍德宮。

據說龍德宮要建的時候，三太子化身為小孩子，到台灣
買木材。買完木材後，他要店家在每根木頭都寫上「大赤崁
龍德宮」的字樣，在某月某日丟進海裡，木材就會自己漂到
赤崁來。店家雖然半信半疑，但也照做了，木材果然都漂回
赤崁的海域，陸續被村民撿到。撿到的人只要看到木材上「大
赤崁龍德宮」的字樣，都拿來歸還，只有一個人沒有。

同時三太子自己擇日要開工建廟，那些木匠覺得很奇
怪，木材尚未到齊，要怎麼動工呢？可是說也奇怪，不管工
程進度到哪裡，木頭都配合的剛剛好，一直都有人撿到木頭
送過來。到最後快完成了，發現還少一根主樑，怎麼等都沒
有人送來。

原來那根木頭被西嶼的一群漁民撈上來，那個船長發現
這根木頭材質很好，就給那些漁民一些銀兩，說這根木頭要
歸他所有。因為船長正好要造一艘船，少一根主桅，他要留
下來自己用。

船長發現木頭上有「大赤崁龍德宮」的字樣，就把字刮
掉，隔了一天，字又浮出來，他又刮掉，又浮出來。他太太

是佛教徒，就跟他說：「不是自己的東西不要拿。」船長很生氣的說：「這明明是我花錢買的，為什麼要還？」又要把字刮掉，但這次不小心，弄傷了自己的腳。太太勸他：「這不是我們應得之物，一定要拿去還。」船長堅持不肯。他腳傷擦藥後，一直沒有好，還化膿，就這樣持續了十幾天。

這時龍德宮因為缺這根主樑，大家都很煩惱，但三太子竟然指示三日後要安樑，大家都說沒有樑要怎麼安樑？三太子說：「你們不要管，我自會處理。」那天晚上，三太就托夢跟船長要那根樑，但船長依然死也不肯歸還。結果原本不痛的傷口變得很痛，太太跟他說，神明在催討了，一定要拿去還，船長依然不肯。

於是太太就燒香跟三太子說：「如果這根木頭是您的東西，請讓我的先生腳不痛。」船長他的腳果然不痛了，可是他卻覺得是自己好的，不相信，結果腳又痛了。太太又燒香跟三太子說：「如果我們歸還木頭，請讓我的先生腳不痛。」船長的腳又不痛了，這次船長終於相信了。

隔天船長就開船要把木頭送回去，可是他對赤崁的海域不熟，不知要從哪裡進港，忽然就有一陣風，把船吹進赤崁港口。船長把木頭歸還後，木匠把木頭雕刻修飾一下，剛好在三太子預定的時間安樑，龍德宮就這麼建好了。

講述：楊錦隆、五十歲、服務業、高中。父女
採錄：楊雅如、陳美慧、薛小琪、許雅婷
時間：八十八年六月五日

地點：馬公市光榮里

（三）

　　龍德宮主神是哪吒三太子，據傳在二百多年前要建廟時，大家都很窮，募捐到的錢不夠買幾根柱子。可是有一天，一個唐山的木材商人，竟然送來一大批木材，說是這邊一位叫哪吒的小孩買的。村民問：「小孩有多大？」商人說：「很小。」又問：「爲什麼要賣給小孩子？」商人說：「小孩買完木材後，把每根木材都打上『大赤崁哪吒三太子』的字樣，然後運到碼頭。有一位工人想把那些字刮掉，結果那些字竟然越刮越深，當時我就覺得這不平常。然後晚上睡覺前，想再看一下收來的錢，哇！銀票竟然變成金紙，我才知道這是神明來買的。當晚睡覺太子爺就來說：『這是澎湖白沙鄉大赤崁龍德宮要用的建材，你務必要把東西送到。』」所以商人就親自把建材運來澎湖。

　　可是船行到吉貝外海時，碰上大風浪，有三枝柱子掉到海裡。這三枝柱子就自己飄到赤崁附近，被西嶼的人撿到，撿到的人看到柱子上面有字，就拿斧頭想把字削掉。結果跟工人一樣，字越削越深，到最後就砍到自己的腳。他回去後敷了很多藥都沒有好，大約半個月後，他就說：「這個東西不是我該得的。」就準備三牲五禮到赤崁跟三太子請罪，請三太子將他的腳醫好，結果很神奇，回去後沒多久就好了。

講述：陳先生、五十歲、初中、三十年前聽老一輩說的
採錄：郭金月
時間：九十年五月三十日
地點：白沙鄉赤崁村

合界威揚宮建廟傳說

（一）

　　很久以前，合界村的人口非常多，那裡的「池王」非常靈，因爲村裡的人都信仰池王，於是大家決定要幫池王蓋廟。大家就推選委員，要到唐山去買木材，委員一到唐山的木材店，老闆就問：「你要點貨回去嗎？」委員覺得很奇怪，因爲都還沒訂貨，怎麼這麼問？後來才知道，原來是池王知道他們開會的情形，就事先化身爲另一位委員到木材店訂貨。老闆本身也知道是神明跟他買的，因爲他收到的錢變成金紙，可是他裝不知道依約出貨。後來，他的生意就變得很好，賺了好多錢。

　　木材要運回去的時候，船開到一半，池王突然附身指示說：「把所有的木材都丟到海裡去。」大家就把木材丟到海裡。說也奇怪，每一枝木材上面都自動浮出「合界池王」的字，自己飄回合界，而且每一枝都被撿到。要是有人撿到沒有拿

去合界，不是肚子痛就是拉肚子，結果大家都親自送去還。

　　等廟建得差不多了，池王又現身指示說：「他已經讓木材飛到這裡了，接下來他要跑瓦。」到了那一天，差不多全西嶼的人都來看池王跑瓦，非常熱鬧。

　　時間一到，池王就降駕說：「歡迎眾弟子來看他跑瓦，請大家排好隊。」因為來看熱鬧的人非常多，從合界廟口一直排到海邊，連船上都排的滿滿的。然後大家就開始接瓦，從船上一片一片傳到廟口，直接把瓦都蓋好了。這就是合界池王的「飛杉跑瓦」，一直流傳至今。

講述：洪陳秋紅、五十二歲、工、小學、國台語
採訪：陳嬿秋
時間：八十七年十二月十四
地點：西嶼鄉小門村

（二）

　　以前合界的威揚宮未建廟前，全村只有十二戶人家，在建廟之前，村民必須先把建地拓平。但奇怪的是，每天一大早去拓土，土都是軟的，像是有人先拓過一樣，所以村民都不需要拓土，只要用桶子將土運走就好了。而拓好的軟土剛好是村民一天搬運的量，等軟土搬完了，天正好也黑了，等第二天要拓土時，硬的土又變軟了，非常神奇。據說這是合

界供奉的池王，派天兵天將下來幫居民拓土的。

後來要建廟時，因缺乏做樑柱的杉木，所以遲遲無法動工。正當村民們為此事煩惱時，就有人夢見池王指示說，在某月的十五日下午兩點會有一批杉木流入合界海邊，要大家去撈這些杉木。後來杉木飄來了，村民還遲疑著要不要動手去撈，直到有人喊杉木上有「池王」的字樣，大家才知道池王自己去買杉木。經過點數後，發現少了一枝，幾天後，有別村居民運來一枝刻有池王的杉木來還。

廟主體蓋好後，上面要覆蓋瓦片，池王說他要「飛瓦」，所以很多別村的村民都跑來看。當大家用接駁的方式，把瓦一塊塊運上屋頂時，很多接駁的人都說沒有接到瓦片，瓦片好像是自己飛的一樣，跑到屋頂上去。這就是合界池王所流傳的「飛瓦」傳說。

講述：楊淑女、七十二歲、家管、日本教育、台語
採錄：蔡玉雯、楊美秀、陳淑蕊
時間：八十八年十一月三日
地點：西嶼竹灣廟口

（三）

以前，合界村只有十七戶人家，因為經濟能力不好，沒法蓋廟。王爺為了要讓自己住好一點，所以就自己到大陸買

木材，然後在行船途中，把木材丟到海中，讓它們漂回合界。漂回來的木材上面都有蓋池府王爺的印，村裡的人看到就撿回去蓋廟，有些木材被別村的人撿回去，要是沒有拿來還，都生病不會好。合界的池王廟就是這樣蓋好的。

講述：林振桓、七十三歲、識字
採錄：何銘偉、黃則揚、邱冠獻
時間：八十七年十一月二十九日
地點：西嶼鄉合界池王廟

外垵溫王宮建廟傳說

（一）

外垵「外塹溫王宮」有五大千歲：風、雷、雨、電、硃，從明朝到現在已有四百多年的歷史。早期外垵沒有幾戶人家，都是由福建來的，在海邊旁搭草寮居住往返大陸。

據說隋文帝時派溫王出征，途中發生船難，後來溫王就被封為王爺「代天巡狩」。後來有刻「溫王」二字的木頭漂流至外垵，被附近居民撿到，居民便以此木頭刻成溫王神像供奉，自福建買木材建溫王宮。傳說當時有一位身穿白衣的人至福建購買本材，老闆問要送往何處，他說：「推入海中自會到達所想之地。」

有木材當然要有瓦，關於瓦有「飛瓦」的傳說。據說廟快要建好之時，有一艘載滿瓦片的船因暴風進港避難，等暴風過去船卻無法開出港，船主只好將全船瓦片獻給廟裡，船才開得出去。當時所有村民，由港口至廟口，排成一排傳接瓦片，一片接一片，很快的就將一船瓦片全部搬光，因為速度很快，遠看像飛的一樣，所以稱飛瓦。

此廟相當靈驗，有一句話是這麼說的：「能過西流，未必能過溫王宮。」[八]什麼意思？因船隻往返大陸澎湖兩地，必經外垵海面，其中的西流是一處水流很湍急的暗流，船隻很不容易通過；而溫王宮前雖無暗流，但也不易通過。因為要通過外垵，就一定要上岸祭拜，若船上有戲班，就一定要入內演一天的戲才能通過。所以溫王宮是很早之前就有的信仰，而且十分靈驗興盛。

講述：許清孟、六十七歲、日本教育、國台語
採錄：許金花、許秋纓、趙秋妹、陳家琳、紀啓文
時間：八十七年十二月十二日
地點：西嶼鄉外垵

八 澎湖有諺語：「一磽、二門、三西流、四夯豆。」指的是澎湖海域中最危險的四個航道。其中西流指的是西嶼西南端到虎井嶼間的海域。《澎湖紀略·祠廟》記載：「今各澳多有王廟，而西嶼外塹大王之神尤著靈異。凡商船出入，必備牲醴投海中，遙祀之。」

（二）

溫王宮現在已有三百多年的歷史，傳說溫王宮是從前村民從大陸來時，隨身帶的一尊很小的神像，然後就在這裡蓋了一間小廟供奉。後來有次海上漂來許多大木頭，上面都印有一個「溫」字，村民就說這些木頭是溫王顯靈去大陸買的，於是就用那些木頭建成現在的溫王宮。但也有人說，是有一艘運木頭的船，在外垵外海遇到颱風翻船，所以才有木頭漂到外垵來。至於「溫」字，應該是木頭主人的姓氏。

溫王宮有一塊匾，傳說是嘉慶皇帝送的。據說嘉慶君遊完台灣後要回大陸，經過外垵時，因為霧太重看不到前方的山。這時忽然飛來一隻白鴿引導嘉慶君的船，嘉慶君想：「有鳥就有山（古人流傳的話）。」所以就讓船跟著白鴿走。之後嘉慶君回到唐山，覺得是神明顯靈幫助他，就送了一塊匾給外垵的神明，現在這塊匾額還完好的供奉在外垵溫王宮內。

講述：李文富、六十一歲、自由業、專科、國台語
採錄：許依婷、江玉琳、莊雪如、劉蒲霏、吳佳慧
時間：八十八年十一月二十一日
地點：西嶼鄉外垵村

望安李王廟建廟傳說

傳說李王廟（今水垵宮）的建造，乃李王親自從大陸購

買建材，並託夢給村民，表達在水垵港建廟之意。而建材將於某日由海上飄流至水垵港灣，請村民前往搬運，作為建廟之用。不久，村民果然在海邊發現一批杉木，神奇的是每根杉木上皆刻有「李王」二字。半信半疑的村民去求證賣木材的商人，結果驚訝的得知，購買木料的錢，隔日竟然全部變成了金紙，村民此時才相信的確是李王顯靈。於是村民抱持著虔敬的心，遵照李王的指示，建造了這座李王廟。漸漸的，李王廟成為水垵村的信仰中心，迄今依然香火鼎盛。

講述：呂傳賞、五十四歲、小學、閩南語。父女
採錄：呂怡真
時間：八十六年六月十八日
地點：白沙鄉小赤崁村

將軍李府將軍廟建廟傳說

明末清初鄭成功來台，命手下的李將軍帶兵整治望安的將軍嶼。李將軍親民愛民，死後當地百姓感念他的恩德，便想建廟祭祀。在村民聚會討論時，突然有人扶乩，腳踏七星步，告訴眾人李將軍想將廟建於何處。廟地確定後，便遇到建材的問題，眾人擲筊請示，得知在十五天後的午時便有木頭自來。村民起初不信，但是在十五天後的午時，海邊竟然真的飄進不少木頭，而且每一根木頭上面均刻有「李府將軍」

的字樣，眾人無不咋咋稱奇。不久，廟蓋好了，木頭也剛好用完不多不少，大家都說這是李府將軍顯靈的結果。

講述：葉國榮、廿歲、學生、高中、閩南語
採錄：徐輝瀛
時間：八十六年六月三日
地點：馬公市西衛里

七美吳府王爺建廟傳說

（一）

現在七美吳府宮裡的吳府千歲，最早是一個在海上浮浮沉沉的神像，後來被一個海豐村的漁民撈起來帶回七美。當時沒有廟可以供奉，所以就暫時供奉在自己住的木屋裡。

吳府千歲很靈感，發生了許多靈驗的事，所以左鄰右舍都來拜拜，而且拜過後出海都很順利。村民在生活改善後，便想要幫吳王爺蓋廟，可是沒有多餘的錢可以蓋廟，這時吳王爺顯靈降乩說：「你們儘管去籌劃，其他東西我自己準備。」

吳王爺便化身為三個人去買木材，木材直接由大陸運回七美，村民看到很大的船開過來，把木材卸下後，就消失不見了。有些村民想把木材撿回去，可是撿起來卻發現每根木頭上都蓋有吳府千歲的印鑒，這時村民才知道這些木材是蓋

廟用的。不久廟便蓋起來了，雖然不是很大，但已經足以供奉吳府王爺了。

當時，海盜常來侵襲七美，七美沒有兵力抵抗海盜，所以每當海盜來襲，大家便去求吳王爺，請吳王爺保佑他們。有一次吳王爺降乩顯靈，叫村民準備一些綠豆放在神桌上，當海盜來襲時，吳王爺就施法把綠豆撒往海邊。結果一粒綠豆變成一個兵，在海上抵擋海盜，海盜很驚訝的說：「這種地方怎會有這麼多兵！」嚇得趕緊逃走，從此之後，海盜再也不敢來侵襲七美了。

講述：許金雄、五十歲、漁業、閩南語
採錄：陳正國、賴和聖
時間：八十六年十月二十五日
地點：七美

（二）

海豐村的吳府廟很靈，傳說吳府千歲化身為人，自己僱漁船至大陸買福杉回來蓋廟。船長把福杉載回來後，發現附近沒有碼頭，福杉要怎麼搬上岸呢？神明說沒關係，只要趁漲潮時把福杉丟到海裡就可以了。結果漲潮時，福杉被浪打到岸邊，退潮時自然就擱在岸上，吳府廟就這樣蓋起來了。

講述：陳國明、四十八歲、導遊、高中。幼年聽母親講述
採錄：田鳳英、吳月鳳
時間：八十九年九月二十九日
地點：七美碼頭

（三）

吳府廟供奉吳府千歲，非常靈驗。一開始吳府千歲有人
拜但沒有廟，祂來「探乩」時說：「如果你們有心要興旺，建
廟是我自己的事。」真的！沒多久，颱風就從大陸吹來很多
木材，吹到現在廟前的海上，颱風過後，我們就把它撿回來
建廟。民國之後，吳府廟重蓋。西嶼有位魷魚大王，因為到
吳府廟祈求王爺保佑，所以旗下的十幾艘遠洋漁船，每次都
能平安的滿載而歸。

講述：呂天註、六十八歲、農、小學、台語、一貫道道親
採錄：歐秋萍
時間：八十九年十二月十四日
地點：馬公市東衛里受訪者自宅

山水北極殿篡殿傳說

約在民國七十二年，本社里發生一件前所未有的怪事。

某日，是個天氣正好、太陽正大的中午，突然晴天霹靂，對著社里的廟前射入一道雷電閃光。此時住在廟邊的一位鄉老，覺得事有蹊蹺，馬上拿出一本天書，在廟埕外大喝一聲「出！」。

接著第二聲雷打入廟邊的小門，隨即天上出現一道長長的黑影，向著廟邊的小門直衝而來。緊接著第三道雷聲響起，又打向廟邊的小門，連瓦片都被打下來了。這道黑影見狀馬上離開宮廟，向西邊的山上跑去。

事後，據鄉老的說法是：西邊山上有一尾千年蛇精，是本社北極殿主公—玄天上帝腳下所踏那隻蛇王的後代。因不滿玄天上帝降伏他的祖先，所以前來霸佔廟埕、搶奪王位，擾亂百姓的生活。

經玄天上帝向玉皇大帝稟告，發出玉旨，派雷公打出響雷，逼走千年蛇精。事隔二年，本社里將連續十七年鎮守在風櫃尾溫王殿的五府千歲迎回北極殿供奉，至今，本社不僅里風調雨順、國泰民安，且從此再也沒發生過這種事。

講述：陳自騰、三十歲、工、高中、閩南語、兄弟
採錄：陳自坤
時間：八十六年六月一日
地點：馬公市、山水里

西溪太媽篡殿傳說

據老一輩的傳說,從前有位師傅攜家帶眷的從唐山來澎湖西溪建忠勇侯廟,在施工期間,唐山師傅的妻子不幸生病去世,便葬於村莊南端。數十年後,村莊人口劇增,便又建了一座北極殿,右側正好與太媽墓(唐山師傅之夫人)爲鄰。北極殿興建完工後香火鼎盛。

有一次主神玄天上帝繞境出巡,太媽便趁機篡殿,^九玄天上帝也立刻顯靈,附身乩童告知村民此事。村民才知道此墓之人叫太媽,已經得道篡殿。之後廟裡時常發生神鬼交戰之事,造成村中人心惶惶。最後玄天上帝請玉皇大帝降旨用五雷轟頂,並附身乩童,用鐵符釘太媽墓,使她永不超生,才結束了這件事。

講述:王丁進、五十五歲、軍、高中、國語
採錄:高明娥
時間:八十七年五月一日
地點:湖西鄉西溪村

青螺真武殿篡殿傳說

聽老人家說,當初青螺村的玄天上帝廟要蓋時,上帝公

九 所謂的「篡殿」就是人世間的「篡位」。也就是說由於某種原因,廟中主神的位置被邪魔歪道篡奪。

特別指示，屋頂不能用水泥，只能用木頭，因為廟的位置是龍喉，用水泥會壓住龍喉，破壞廟龍穴的風水。

以前有什麼事，只要三炷香向西北方向求，乩童就會說：「某某神來了，大家趕快到外頭，朝西北方下跪迎接。」然後就會看到一個紅火球，從天上的西北方一直滾下來。

有一次，所有的神都不在只剩下土地公，結果有一隻妖精想要「篡殿」。土地公一看大事不妙，趕快上天廷找北極祖師下來，可是祖師下來，沒乩童也不能辦事，所以又趕快召乩童。那隻妖怪是一隻豬哥精，藏在地底下，祖師就拔出劍往地上一插，就在插劍的地方，挖出一塊骨頭。祖師把骨頭放進罐子裡，用靈符封住派人看守，可是放在罐子的骨頭，還會不停地敲罐子。

講述：李月玉、六十歲、農、不識字、台語。母女
採錄：李維珝
時間：八十九年十二月十日
地點：湖西青螺自家

沙港媽祖廟篡殿傳說

這大約是民國八十七、八年，我聽來店裡的客人說的。說是沙港媽祖廟蓋好之後，[十]有人看到媽祖都在涼亭辦公，不

___
十 沙港天后宮，民國七十九年六月動土，八十一年夏竣工。

進去正殿，或只在後殿進出。怎麼會這樣，廟都蓋好這麼久了。廟裡請高人來看，說是當初上樑的時候，有工人受傷，滴下來的血，吸引天妖入廟篡殿。所以媽祖廟落成之後，天妖擋在前殿門口，不讓媽祖進去，同時殿內也多了一隻白虎及蟾蜍。

高人花了三天，分別處理掉天妖、老虎、蟾蜍，但是媽祖還是不肯進去。高人不知道還有哪裡不圓滿，只好在偏殿持咒清淨。念了一段時間後，看到姜太公騎著的四不像，帶著天兵天將出來，四不像的樣子很像麒麟。

四不像張嘴往殿裡噴出三昧真火，原來光是趕走天妖、蟾蜍沒有用，牠們殘留的邪氣還留在那裏。四不像用三昧真火把裡面都清乾淨後，整個殿就明亮起來了。然後姜太公揮舞祂的拂塵，帶著天兵天將行軍、布陣，還開了北斗七星陣。經過姜太公的加持清淨，整件事才大功告成，然後才燒香，請媽祖入廟進殿。

講述：陳永禧、五十五歲、台語、專科、藥房老闆。朋友
採錄：姜佩君
時間：一○一年十月五日
地點：馬公正安藥房

東衛媽祖與魯班的爭執

傳說東衛要翻修廟時，媽祖和魯班兩人商量，看要怎樣

建比較好。媽祖覺得廟的地基越後面越好，因為這樣東衛會出有錢人；魯班則覺得越往前越好，因為這樣會出「丁」（男生）。二人商量的結果，決定一人一半比較公平，所以把廟分成二半，一半前進三尺，一半後退三尺，如此東衛便又出丁又出有錢人。傳說如果廟基向後退的話，東衛人會比較純（文雅），有錢人會比較多；如果往前的話，只會出一些「粗丁」，人也會比較壞。

講述：莊決、七十六歲、識字、祖孫、祖先流傳下來的
採錄：莊凱證、陳嘉雯
時間：八十六年五月三十一日
地點：馬公市東衛里

風櫃龍山寺傳說

　　大家都知道台灣有很多間龍山寺，但可能不知道澎湖也有一間龍山寺。這間龍山寺在風櫃，歷史很短，是這幾年才建的。這間寺原名風山寺，因為老舊拆掉重建。據說新廟蓋好後，有神通人士去看，說這間寺有一條龍守護，應改名為龍山寺才會名符其實，於是便改名龍山寺。

　　但沒想到這條龍原本是一條蛇，在舊廟附近修行，因為快修成龍了，不想讓工程妨礙修行，所以就阻撓舊廟的拆除工程。因為工程一直不順利，所以住持就請一位道行很高的

大師來處理。大師用佛法降服牠，還幫助牠提早修成龍身，然後叮囑牠要繼續好好修行，同時守護好風山寺。這條龍的確很認真修行，也聽話的守護風山寺。可是後來寺名改成龍山寺，雖然是同一間廟，可是名實不符，風山寺沒了，牠的責任就了了，於是龍就跑掉了，變成沒有龍的龍山寺。

講述：陳永禧、五十五歲、台語、專科、藥房老闆。朋友
採錄：姜佩君
時間：一○一年十月五日
地點：馬公正安藥房

鼎灣開帝殿的相關傳說

　　鼎灣開帝殿所祀奉的主神是神農大帝，神農大帝在台灣稱為「五穀大帝」，我們稱為「開天先帝」。因為他教人耕種及嚐百草，自開天闢地以來，他的功勞最大，所以尊稱他為「開天先帝」。

　　他跟我們鼎灣的因緣，據說是二百多年前，有一塊很不起眼的木頭，漂到鄰近村莊的海邊，被村民撿走當曬衣架。但奇怪的是只要衣服曬在木頭上，就會無緣無故的燒起來，村民覺得很奇怪，就去請示神明，才知道這塊木頭是要雕刻神明金身的。

　　後來神明托夢，表示木頭要給鼎灣雕神像供奉，所以鼎

灣村民便將木頭恭迎回去。迎回來後不曉得要雕刻何方神明，經過扶乩請示，才知道要雕刻神農大帝。

因為鼎灣是澎湖少數沒有靠海的村莊，居民都以務農為生，所以應當供奉農業的守護神神農大帝。決定後就把木頭送去雕刻，但是村民從來沒看過神農大帝的樣子，不知道該怎麼跟雕刻師父說，但雕刻的師傅卻早就得到神明的托夢，知道要怎麼刻，把神像雕得很莊嚴、栩栩如生。

鼎灣開帝殿除了主神神農大帝，還有許多副神，像文昌帝君、關聖帝君、觀世音菩薩、臨水夫人、土地公、虎爺。其中，關於臨水夫人的由來有一個傳說，我們這裡說的臨水夫人，和台灣說的臨水夫人（順天聖母陳靖姑）不一樣，是我們另外給的尊稱。

傳說宋朝有三位公主，大公主、二公主、三公主，其中二公主及三公主是雙胞胎姐妹。這三個公主在宋朝滅亡後，也不幸命喪大海，死後冤魂不散，便在東南沿海一帶興風作浪，引起百姓不安。開天先帝知道以後，便去收服三位公主，他給公主二條路選擇，一條是跟他鬥法，如果失敗，便永世不能超生。一條是跟著他，接受百姓的供奉，享萬年香火。公主當然選擇讓百姓供奉，所以大公主便被我們鼎灣開帝殿供奉，稱為「臨水夫人」；二公主及三公主分則別被烏崁及崎裡供奉，所以我們這裡的臨水夫人，和烏崁、崎裡的臨水夫人是姊妹。

我們廟裡主神的香爐和一般的不一樣，不是銅做的而是一個瓷的盆子。據說很久以前，附近村莊有人到少林習藝，

回來時帶回一個類似缽或盆子的瓷器。這個瓷器是宋朝很有名的窯燒出來的，一座窯一次只能燒三個，它就是三個中的一個，非常珍貴。

可是自從他把瓷盆帶回家後，家裡就不平安，經過我們主神處理，家裡才順利起來。所以他就買了一些東西到廟裡拜拜答謝，可是神明不滿意，因為神明要的是他帶回來的盆子，所以後來他就把盆子捐出來，供奉在廟裡當香爐。這個盆子很神奇，它的底部有一條裂縫，可是不管你裝米、插香或做什麼，東西都不會從裂縫掉出來。

到了日據時代，有一個日本警察覺得這個盆子很神奇，就強把他帶回家養金魚。奇怪的是，那條裂縫不管他用水泥還是什麼補，沒幾天水就漏光光，養的金魚也全部死掉。幾次之後，他很害怕，就把盆子送回來了。

後來，大約二十幾年前，從台灣來了一個古董商很識貨，看到這個香爐很值錢，就把香爐偷走了。廟裡一發現馬上報警，可是一時之間也不知道是誰偷的，只好去請示神明，神明說沒關係，過幾天就會找到了。那時澎湖的交通還很不方便，飛機很少都是搭船，那個古董商正準備搭「台澎輪」回台灣時，就在上船前就被警察抓到了。

通常廟的周圍會有東、西、南、北、中五營，這五營是廟中神明的兵馬，負責保境安寧。我們鼎灣的東營將軍廟有一個神奇的傳說，據說在這個廟附近，有一隻金色的蟒蛇在修行，他已經修行幾百年了，很有靈性不會隨便傷害人，所以一直跟地方相安無事，平常人們也不會看見他。但每年東

營將軍生日的時候，他一定會去朝拜祝壽，所以在這天，有緣的人可以在廟裡看到一條金色大蟒蛇。

另外，鼎灣大廟的後面，還有一座供奉北斗星君的七星廟。據說從前這裡有七個小丘，排列的方式就和北斗七星一樣，是很好的地理，後來村民受人利用，把這幾個小丘剷平，地方變的不平安，所以就在原來的位置安置七顆石頭，恢復原本七星排列的樣子，再蓋七星廟來恢復原來的地理，這就是七星廟的由來。

講述：方嘉鴻、四十五歲、警察、大專、國語
採錄：田鳳英、吳月鳳
時間：八十九年十二月十七日
地點：湖西鄉鼎灣村

通梁保安宮傳說

通梁的保安宮，供奉的主神是三位康王爺及一位黑王爺，但「保安宮」顧名思義應該是供奉保生大帝，怎麼會是供奉王爺呢？這是有傳說的。

第一種說法是說，在很久以前，通梁的海邊飄來一尊保生大帝的神像，居民撿到以後，就一起集資建了一座小廟供奉。這個保生大帝很靈驗，自從他來之後，村里大小都出入平安，所以廟就愈蓋愈大。就這樣若干年後，某一天廟祝在

整理神像的時候，發覺神像的背後，隱隱約約的透出「後寮」二字。後來消息傳出去，後寮的居民就要來請這尊神像，他們認為神明本來是要到後寮的，只是通梁占地利之便，神明還沒到後寮就被通梁人請走了。

二村的人因此鬧的很不愉快，甚至還發生械鬥，最後沒辦法只好請官府來做「公親」。官府覺得神明的事還是讓神明自己解決，所以雙方就派代表來請示神明，請示的結果，神明表示他的確是要到後寮，只是因為某些機緣，所以先到通梁。現在時間已經到了，上天已經在催促，他必須到後寮就任。既然如此，沒辦法，保生大帝就被後寮請走了。

後寮人把保生大帝請回去之後，就蓋了一座威靈宮來供奉。那保生大帝被請走，通梁有廟無神怎麼辦？所以他們就去請了三位康王爺來。因為保生大帝在道教中屬於醫藥之神，康王爺也是學醫的，俗話說「三個臭皮匠，勝過一個諸葛亮」，希望三位康王爺可以勝過一個保生大帝。

之前我的同行（導遊）在保安宮講這個故事，差點被廟祝和執事拖到後面打，所以後來我們在通梁講這個故事都會很小心。那為什麼會被打，因為他們覺得這個故事根本是亂說、喧賓奪主、顛倒事實、對神明大不敬。所以後來我特別去問當地的耆老，得到下面的說法。

通梁的保安宮雖然叫保安宮，可是跟保生大帝一點關係也沒有，一開始就是供奉三位康府王爺。後來有一個通梁人到海邊去撿螺貝，隨著海水的退潮越撿越遠，就撿到後寮的海邊了，然後就在通梁及後寮交界的海邊，撿到一尊保生大

帝的神像。所以神像的確是飄到後寮了，但卻被通梁人撿走，供奉在通梁的保安宮。

　　跟前面的說法一樣，經過若干年後，廟祝在整理神像的時候，發覺神像的下面隱隱約約透出「後寮」二字。廟祝想神像是在後寮撿到的，會不會是時間到了，神明要到後寮去了。消息傳出去後，後寮人就要來請保生大帝，請示的結果，神明表示要到後寮去，於是，保生大帝就讓後寮人請走了。所以保生大帝後只是暫時的到通梁作客，主神始終是康王爺，後來才又有黑王爺，這是保安宮廟方認為正確的版本。

講述：賴志忠、四十二歲、導遊、大學、國語、師生
採錄：姜佩君
時間：一〇一年五月二日
地點：澎科大教室

通梁保安宮匾額的由來

（一）

　　話說在清朝末年，有一艘清朝的官船，不慎擱淺在澎湖外海，當時動用了全船的官兵，船身仍舊動彈不得。後來因為船上缺糧，官兵就上岸來補充糧食，同時，船上的總兵也到保安宮祈求神明保佑。神明指示他：「在某日的某時會有三

個大浪，可善加利用使船脫離困境。」總兵按照指示，果真將船開動順利返回大陸。回去後，爲感念保安宮神明的庇佑，特地打造了這塊「神明顯應」的匾額感謝神恩。

講述：某先生、七十歲、廟公、私塾、台語
採錄：周美芳、顏秋婷、歐美芳、呂佳紋、陳佳秀
時間：八十七年十一月十二日
地點：白沙鄉通梁村

（二）

通梁保安宮在順治二年建造，其主神爲黑府千歲。話說光緒年間，唐山有艘漁船，因海象險惡，被大浪擊壞船身漂流到通梁港口。當時的廟正面臨海邊，船員們就往廟裡躲避風雨，其中一名船員跪地乞求千歲爺保佑他們，讓明天一早天氣放晴，而嚴重受損的船，也能夠航行回唐山，若是千歲爺保佑他們的話，那他回去會製作牌匾及做醮來感謝千歲爺。隔天早上，天氣果然放晴，港口風平浪靜，破損的船隻也安然無恙的浮在水面上，船員把船修一修，就順利的回到唐山了。他們爲了感謝千歲爺的幫助，就依當初的承諾，送上一塊「神明顯應」的匾額，同時做謝神儀式。

澎湖每座廟都有一座旗桿台，而通梁保安宮的旗桿台，最初是做在海上的。大約三、四十年前，保安宮的神明就告

訴地方百姓，旗桿台要建在海上（現今的位址），百姓覺得很奇怪，但又不敢違逆，因此就在海上造了兩座浮台。幾年後，政府把那片海填爲平地，旗桿台就變成在陸地了，這時民眾才知道千歲爺神機妙算，冥冥中天意自有安排。

講述：葉先生、七十歲、高中、國台語
採錄：陳逸平、陳逸輝、張秀枝、吳玉霜、紀心婷
時間：八十七年十一月十四日
地點：湖西菓葉

三、神明傳說

玄天上帝的傳說

（一）

上帝公（即玄天上帝）未成神前是一個殺豬的，住在菜堂（寺廟）的附近。有一年過年，菜堂要用豬肉拜拜，要上帝公在五更的時候起來殺豬送貨。當時菜堂外有一隻蚯蚓，每天五更的時候都會啼叫，所以上帝公都是靠蚯蚓的叫聲起床殺豬的。可是這年過年，菜姑（尼姑）燒熱水打掃菜堂，打掃完，熱水隨手往外一潑，就燙死那隻蚯蚓。所以到交貨那天，因爲蚯蚓沒有啼叫，上帝公就睡過了頭，來不及殺豬。

這時菜堂的師父就說：「我們來幫忙。」上帝公說：「吃菜人怎麼可以殺豬？」師父說：「沒關係！」然後就對著豬叫：「子（兒子）呀！公（爺爺）呀！來幫忙呀！」上帝公聽了恍然大悟：「原來豬都是人變的！那我也要來吃菜（皈依佛門）。」

有一個菜姑想：「殺豬的也想要吃菜！」就想害他。她跟上帝公說：「要吃菜就要先閉關一個禮拜，這期間不可以吃任何東西。」結果佛祖變成一個女孩，每天送水給上帝公喝，七日後，菜姑打開門一看，「奇怪！怎麼還沒死？」又叫上帝公上山砍柴、燒水奉茶，拜完佛祖後才可以吃飯。上帝公到了山上，遇到一隻白虎要吃他，上帝公就說：「虎呀！虎呀！你先不要吃我，等我砍好柴、燒好水、奉茶拜完佛祖後，再回來給你吃，好不好？」老虎點點頭，讓他平安回去。

菜姑看到上帝公平安回來，嚇了一跳，「怎麼還沒死？」上帝公拜完佛祖後，跟菜姑講了老虎的事，說他現在要回去給老虎吃，菜姑聽了就說：「快去！快去！」所以人家講：「吃菜的嘴，雷公的心」就是這樣子。

上帝公回到山上後，白虎看到上帝公身體發光，就沒有吃他。這是因為上帝公心地善良，而菜姑壞心，所以菜姑的修行全部轉移到上帝公的身上。上帝公看白虎沒有吃他，就說：「虎呀！虎呀！你要是不吃我就讓我騎。」結果白虎就趴下來讓上帝公騎，上帝公一騎上去，白虎就飛起來了。上帝公說：「先到菜堂那裡拜一下再走。」到了菜堂，菜姑一看到上帝公騎著白虎從天而降，嚇得口中直唸：「阿彌陀佛」。

後來上帝公就騎著白虎飛到了洛陽江。當時那裡有一個

名叫毛遂的人，他用九十九個人頭練了一把七星劍，正準備要開表（試劍）。可是無論他怎麼卜算，都算出來試劍時會殺死自己。最後他一氣之下，把七星劍丟入江中。剛好上帝公到達這裡，就撿起這把劍，刺肚而死。此時神明拿出上帝公的腸肚丟到江中，再給他換上新的荸肚，讓他復活。不久，上帝公醒來，就變成一個吃荸人了。可是上帝公的腸肚，被丟到江中以後，變成一隻龜、一條蛇，在江中興風作浪、危害百姓。後來上帝公知道了，就去收服他們。所以現在上帝公腳下踩的龜和蛇，就是他當年收服龜蛇二妖的結果。

講述：王賜得、七十歲、農、不識字、台語
採錄：楊秀芳、王秋賢、魏旭敏
時間：八十六年九月二十九日
地點：湖西鄉紅羅村

（二）

聽說從前在洛陽這個地方，有觀世音菩薩要渡人成仙成佛，所以很多人都要到洛陽讓觀世音菩薩渡。有一群人也要到洛陽讓觀音菩薩渡，走到半路上時，遇到一個殺豬的，那殺豬的就很好奇的問：「這麼多人要去那裡啊？」他們就回答說：「我們要去洛陽，那裡有觀音菩薩要渡人去西方成仙成佛。」殺豬的想有這麼好的機會，我也和他們一起去吧！

　　走了一段時間，到了洛陽這地方，果然在海邊有一艘船，前面排了許多人，船邊有一個人依序問他們問題。他問排在殺豬前面的人說：「你今生在做什麼？」那人回答說：「唸經、拜佛、吃長素已經十幾年了。」又問：「那你的心有沒有清啊？要把心剖開才知道。」那人聽了嚇一大跳就跑走了。

　　同樣的問題又問那殺豬的：「你殺豬的一身罪孽，怎麼渡你去西方成仙成佛呢？」殺豬的回答說：「我可以剖開我的肚子，把肝臟、腸胃洗乾淨。」船邊的人就說：「好！哪你剖剖看。」他就真的拿著起屠刀把肚子剖開，拿出腸、肝臟在海邊清洗，船邊的人看了就說：「好！可以了，你可以上船了。」然後船就開走了。開沒多遠，殺豬的發現海上飄來一具屍體，他馬上通知船伕，船伕說：「不用撿，那是你的肉體，在船上的是你的靈魂，我要渡你到西方學道。」就這樣，殺豬的就到西方學道了。

　　在學道時，他的腸及肝變成蛇和烏龜，在海上作怪害人無數，等到他學道成功要下山時，上天就告訴他，腸及肝變成妖怪的事，要他去收服他們。他說：「我兩手空空的要怎麼收？」其他神仙就跟他說：「你要向八仙的呂洞賓借背上的七星寶劍，才有辦法收服他們。」他聽了就去向呂洞賓借七星寶劍。呂洞賓一聽，收妖是好事，就借給他了。又交代他說：「你用完寶劍要馬上還我，劍只要一放手，就會自動飛回來我的劍鞘。」殺豬的借到寶劍後，就到洛陽去收龜蛇二妖，收服他們之後，就用右腳踩蛇、左腳踩烏龜，做為他的腳力，而手中的寶劍則絲毫不敢放手，這樣才能控制他們。後來他

成神了，玉皇大帝就派他到這世界的最北邊，叫「北極」的地方鎮守，所以後來就叫他「北極玄天上帝」。

講述：蔡修德、六十歲、農、小學、閩南語、祖孫
採錄：蔡靜蓉、陳梅秀、吳姮慧、葉雯瑛、蘇鳳台、倪惠貞
時間：八十八年十二月十一日
地點：馬公市鐵線里

清水祖師的傳說

（一）

　　祖師公（即清水祖師）在父母雙亡後，便投靠兄長一起生活。當時哥哥已經成家，然而嫂嫂對他不但不加以照顧，反而要求他每天燒飯煮菜。可是因爲嫂嫂懶惰，廚房根本就沒有柴火可用，想要煮好飯菜跟本是不可能的事，但祖師公卻有辦法按時準備好每一餐，所以嫂嫂就很懷疑他，想伺機一探究竟。

　　有一天嫂嫂從溪邊洗衣回來，看見祖師公將自己的腳放進爐灶，灶裡就有熊熊的烈火在燃燒，鍋子也熱滾滾的在冒煙。嫂嫂覺得不可思議就大叫一聲，祖師公見狀，害怕嫂嫂對他怎樣，於是便慌張的鑽進爐灶，從煙囪口化爲煙霧升天

得道了。所以我們現在看到的祖師公臉是烏黑的。

講述：洪秀儉、四十三歲、家庭主婦、台語
採錄：蔡明珠、楊惠雯、蔡瑜珍、葉盈君、宋美嫻
時間：八十六年十月二十九日
地點：馬公市興仁里

（二）

　　清水祖師是宋朝人，他原來是個殺豬的屠夫。有一天，他看到一個老婆婆在溪邊洗衣服洗得很累，就自告奮勇為她服務。可是無論他怎麼用力洗，髒衣服一放進水中，就變成一面青色的旗子。祖師公覺得很奇怪，就問老婆婆怎麼回事，老婆婆反而笑著問他：「肯不肯做神仙？」他馬上說：「好。」沒想到老婆婆聽了就責備他說：「你整天殺生，滿手血腥，怎麼有資格做神仙？」祖師公聽了很慚愧，拿起屠刀，就把自己的肚子割開，把腸胃掏出來清洗乾淨，表示他的確已經淨身了。媽祖化身的老婆婆看他能夠痛改前非，就讓他做神仙成為清水祖師。

　　後來清水祖師在「清水嚴」修道，附近有四個土人，土人相約和祖師鬥法，誰勝了誰就是清水嚴的主人。土人把祖師放在洞穴中，用火烤了七天七夜，沒想到他根本沒受傷，只是臉被烤黑而已，所以從此「清水祖師」變成「烏面祖師」。

而四個土人就成爲祖師的侍從，民間稱他們是張、黃、蘇、李四大將軍。

　　此外，在台灣有一個家喻戶曉、很愛掉鼻子的清水祖師。相傳有一次神像被強盜削掉鼻子，後來雖然經過修補，但每逢當地即將發生災害時，神像的鼻子就會自動掉落，提醒大家早日防範，所以大家都叫祂「落鼻祖師」。落鼻祖師很靈驗，可是脾氣實在不好。如果去拜拜的人，事先沒有先洗淨身體，或是心意不虔誠，這個壞脾氣的神仙，就會拿鼻子出氣，當場掉鼻子。

講述：林如通、八十四歲
採錄：吳翠芬、吳立民、洪宗和
時間：八十六年十月二十九日
地點：馬公市三多路

（三）

　　文澳有祖師廟，裡面供奉的是清水祖師，清水祖師的臉是黑的。傳說他從小父母雙亡，依靠哥哥及嫂嫂生活。可是兄嫂心胸狹小，把他當奴才用，不僅要他包辦洗衣、燒飯等所有家事，還常常打罵他。

　　有一年，家鄉鬧乾旱，樹木都枯死了，百姓沒有柴生火煮飯，可是清水祖師就是有辦法煮出飯來。兄嫂感到相當奇

怪，於是偷看清水祖師煮飯，看到他居然將腳伸進去火爐裡當柴燒。嫂嫂嚇得大叫一聲，清水祖師一緊張，急忙躲進爐灶裡，就這樣升天得道了，所以後來他的臉是黑的。

講述：陳振益、五十四歲、公務員、高中、國台語
採錄：黃詩涵、林婉琪、蔡裕芬、蔡雅惠、林慧雯
時間：八十七年十一月八日
地點：馬公市

文澳祖師與王爺

（一）

　　文澳有一間祖師廟，相傳有一次，一位王爺到他們村裡作客，吃飽後，竟將他們村裡某個人的魂魄勾走。村民不滿，便把這件事告訴祖師爺，請祖師爺做主。祖師爺一聽，勃然大怒，心想村民如此熱情款待他，他卻做出這樣的回報，於是手持斧頭，前去討回公道。

　　祖師爺一到王船，斧頭一劈，就把船尾削掉了。王爺見他滿臉怒相，趕緊將那人的魂魄還給祖師爺。祖師爺對他說：「下次休想再到我們村子作客！要是再來，就將你的船劈爛！」從此那位王爺便不敢再來這裡。

　　而且聽說從此只要有壞王爺做惡，百姓只要大喊「黑面

仔來了！」壞王爺就會嚇跑了（傳說祖師爺是黑面的），因為他們怕王船會被祖師爺劈爛。

此外，傳說王公廟也是那些王爺不敢來作客的地方。因為相傳王爺是由三十六進士變成的，而王公是他們的老師，他們當然不敢讓老師請客，更別談作怪了。

講述：王先生、約三十五歲、國台語混用
採錄：陳桓毅、呂美瑩、鄭彥棻、蕭淑雯、林育穗
時間：八十六年十月二十五日
地點：馬公市

（二）

話說有一日，文澳祖師廟辦宴席請王爺到他們村中作客，吃飽飯後，王爺竟將他們村裡某人帶走。村民非常不滿，便將此事告訴祖師爺，希望祖師爺為他們做主。祖師爺一聽，怒氣衝天，便手持斧頭前去王船討人，要王爺將人交出來。王爺堅持不肯，二人就交戰起來，戰狀激烈，最後祖師爺用斧頭將船尾削掉，並警告他說：「下次休想再到我們村莊作客，否則要給你難堪。」王爺一聽，就不敢再來了，從此也就互不往來了。

講述：辛威呈、五十歲、商、不識字、國台語

採錄：盧意婷、郭典宜、陳心馨
時間：民國九十年六月十八日
地點：西文祖師廟

王爺的由來

（一）

　　案山的北極殿有朱府王爺和五府千歲在鎮殿。王爺的由來，傳說是唐太宗李世民時，有三十六名考生考上進士很高興，便在宮殿的地下室中吹簫彈琴慶祝。李世民路過聽見了，認為真是豈有此理，竟然有人在宮中彈琴喧嘩，就憤怒地跺了一下腳。結果一跺便造成地震，地下室整個垮下來，三十六名進士全被壓死，有的變成黑臉，有的變成皺臉、青臉、紅臉。三十六名進士死後陰魂不散，向李世民表示死的不明不白，李世民也知道這是自己的過失，於是便封這三十六名進士為代天巡狩，賜尚方寶劍先斬後奏，後來人民就尊這三十六名進士為王爺。

講述：歐先生
採錄：歐輝銘、林俊文、蔡麗玲、賴善如、父子
時間：八十七年
地點：馬公市案山里

（二）

　　傳說從前有三百六十位考生進京趕考，他們聚集在一間廟裡看書，結果廟卻塌了，所有考生全部罹難。考生不甘就此喪命，因此常常讓皇帝李世民夢到他們的慘狀，李世民不堪其擾，只好夢遊地府查探實情。在地府，考生紛紛向李世民哭訴冤情，請求李世民為他們作主。李世民醒後便封三百六十位考生為進士，是代天巡狩的欽差大人，可先斬後奏、遊縣吃縣、遊府吃府，從此民間便有王爺的傳說。

講述：盧文賢、四十二歲、工、識字、國語、父女
採錄：盧淑惠
時間：八十七年十一月一日
地點：湖西鄉湖西村

（三）

　　王爺坐的船叫王船，王爺坐王船的由來，傳說是唐朝李世民帶文武百官坐船，從山東跨海遠征朝鮮。不料船一出海便遭到颱風，許多船被打翻，船上的文武百官都死了。

　　打贏朝鮮後，接著又討伐新疆，結果這次李世民不小心中了敵人的毒鏢昏迷不醒，他就靈魂出竅到地府，在地府遇

到很多戰死官兵的亡魂向他要薪水。李世民醒後來，就規定
七月要普渡，全國百姓一定要參與，讓這些為國犧牲的亡魂，
在地府有飯吃、有錢用。那些死在海上的官員就封為王爺，
給他們代天巡狩的任務，就這樣一代傳一代，從此王爺就坐
王船到處巡視、保護人民。

講述：李文富、六十一歲、自由業、專科、國台語
採錄：許依婷、江玉琳、莊雪如、劉蒲霏、吳佳慧
時間：八十八年十一月二十一日
地點：西嶼鄉外垵村

西溪帝公——大軀

　　西溪村和紅羅村是隔壁村，很久以前他們一起蓋一座北
極殿供奉玄天上帝。每年玄天上帝生日，兩村就要把玄天上
帝抬出去遶境祈求平安。廟裡的事務是二村輪流負責，比如
說：紅羅村負責的時候，紅羅村民就必須去買牲禮來拜拜，
拜拜完，再把龜粿、牲禮分給西溪及紅羅村的村民。
　　那時紅羅村的村民，大多數是做土水的，所以有很多畚
箕，因此他們就用畚箕裝牲禮拿到西溪村去。西溪人看了就
覺得：「牲禮怎麼用畚箕裝！很不衛生啊！」可是紅羅人覺得
他們是用新的畚箕裝，這些裝過牲禮的畚箕，做工時可以再
拿去用。但是西溪村認為，他們是拿用過的畚箕裝牲禮，對

他們很不尊重、很不禮貌、又不衛生。不像他們都是用提親用的「謝籃」裝牲禮拿到紅羅村去，很莊重、很有禮貌。

後來兩村就因此鬧得很不愉快，最後西溪村就決定自己蓋一座廟，新雕一尊玄天上帝自己拜。因為都是拜玄天上帝，所以生日、遶境都是同一天。有次兩村遶境時，在交界的地方碰到了，紅羅村看到西溪村的神像比較小，就取笑他們的玄天上帝是「神仔子」。西溪村覺得受到侮辱，遶境完集合父老開會，決議要重雕一尊比紅羅大的神像。

等到隔年遶境，兩村又在村界碰面，這次換西溪村取笑紅羅村的神像為「神仔孫」。紅羅村認為沒面子，也決議要重雕神像，他們就按神轎的大小，量能放入神像的最大尺寸，神像就做那麼大。西溪人聽到了，覺得事關神明及村子的面子，一定不能輸，也要重雕神像。只是神轎就是這麼大，最大也只能和紅羅一樣大，怎麼辦？

西溪人想了很久，終於想到把轎頂做成活動式的。因為從正面放的話，可以放的神像比較小，從轎頂放的話比較大。所以西溪就做了一個可以掀蓋的神轎，遶境時就從轎頂把神像放下去。

之後比來比去，神像就屬西溪的最大，所以大家就說：「西溪帝公很大軀」（案：大軀，很大一尊之意，台語音同大輸）。後來，衍生為歇後語：「西溪帝公─大軀（大輸）」。比如說人家問你賭運如何，如果不好，就可以說：「我今天是『西溪帝

公』」。[十一]

講述：方英福、四十八、教、專科、國台語
採錄：方玉真、林芝玫、林鳳琳、葉勇成
時間：八十八年十二月三日
地點：馬公市東文里

保安宮康王爺的由來

　　唐朝有一位窮秀才叫康實根，他以教書爲生，爲人忠厚老實。他有一個兒子叫康太，從小耳濡目染，七歲便已滿腹經綸，八歲開始勤練武術，幾年後便中了文舉人，二十歲又中了武舉。康太當官的時候，多次爲朝廷打敗盜匪建立功勞，所以被朝廷封爲巡撫。他在巡撫任內，政績卓越愛民如子，後來又晉升爲總兵。四十二歲時，在一次討伐番邦的過程中，不幸被敵軍傷到手，以致於一手傷殘。戰爭結束後，康太受人陷害，被免去官職，只好告老還鄉。
　　回到故鄉後，繼承父親的職業在故鄉教書，沒幾年就病

十一　「西溪帝公—大軀」本意指西溪村最大尊的玄天上帝神像，後
　　　因「大軀」（台語ㄕㄨ）音同「大輸」，所以變成一句歇後語，
　　　指賭博大輸。余光弘有〈西溪帝公—大軀〉一文，文中事件的
　　　起因，與本故事正好相反：是西溪村先取笑紅羅村的神像太小，
　　　是「帝公仔囝」，隔年換紅羅村的人取笑西溪村的神像是「帝公
　　　仔孫」所引起的。請參見：《硓𥑮石》，第十期，頁五十。

逝了，享年五十歲。他的子孫把他的靈位迎到康太祠，故鄉的百姓為了紀念他，先為他塑像於甘肅的武王廟，後來為他蓋了一座保安宮。現在澎湖的保安宮是清朝嘉慶六年遷到澎湖的，初遷到澎湖時，只是用木條搭建，並沒有興建宮廟。

約在保安宮興建的同時，有一個漁夫在出海捕魚的路上，撿到一株榕樹苗，就隨手拿來種，在漁夫和附近居民的照顧下，榕樹漸漸長大開枝散葉。民國八十三年五月保安宮重建，看中大榕樹這塊地，於是將廟在此重建。榕樹的主幹在廟的入口處，而其枝葉擴散、樹蔭面積廣大，形成一天然涼亭，許多居民會在此乘涼。此一奇觀也吸引了許多來澎湖觀光的遊客，成為澎湖的觀光勝地。

講述：薛老先生、七十八歲、識字、台語
採錄：蕭雅萍、林怡萱、黃蕾意、郭庭妤
時間：八十七年十一月一日
地點：白沙鄉通梁村

龍門張千歲的傳說

張千歲的爸爸以前是興仁人，可能是招贅來這裡的。張千歲在龍門出世，從小就很孝順，十九歲時去釣魚，釣魚線被勾在石頭上，他下海去解魚線，結果就因此過世了。

很久很久之後，有一個叫許有仁的，出海回來時，發現

怎麼有一艘船停在碼頭外，船裡面還有很亮的光，但是當時他不想管太多就回家了。

　　後來神明指示，有一艘王船在碼頭外，要大家去接駕，所以乩童和村民就去接千歲來作客。接千歲時候要燒三張符，其中一張可能是飛到海裡沒燒到，那時張千歲他爸爸在這間廟作廟祝，每次燒香拜拜就肚子痛、身體不舒服，就是因為那張符沒有燒到。後來乩童進駕時才講：因為他是張千歲的爸爸不能拜，所以會這樣。

講述：劉大、台語
採錄：王祥霖、張詩紋
時間：八十七年十二月十三日
地點：湖西鄉龍門村

後寮朱王爺的傳說

　　後寮威靈宮以前也是有迎王送王的，後來迎到朱府王爺，大家覺得很好，所以等到王爺四年任期屆滿，村民就上疏玉皇大帝，請王爺留任，上天答應了，所以王爺就多留了四年。等到第二次任期屆滿，村民又請王爺留任，上天依然答應了，可是排在後面的王爺卻不高興了。原來要到威靈宮上任的王爺，早就已經依序排了好幾個，朱府王爺一直留任，排在後面的王爺便不能上任。排第一的池府王爺沒有意見，

但排第二到第五的王爺心中不滿，便去跟上天抗議，上天要威靈宮自己設法排解，但是廟中的主事和主神都無法處理，於是乾脆從此不再迎王，讓朱府王爺常駐威靈宮。

後來有一次廟會活動，村民抬著朱府王爺的神轎遶境出巡，乩童也上了神轎跟著遶境。後來經過某戶人家，這戶人家私設宮廟，供奉玉皇大帝，王爺（乩童）沒注意到，神轎就這樣直接過去，乩童依然站在轎上沒有下轎致意，整個過程都被廟的主持看到了。這個主持是個有修行的人，當晚子時就靜坐，一狀告到天庭，於是朱王爺就被以不敬之罪關起來。

之後村民發覺王爺都沒有降駕很奇怪，那時剛好蓋了新廟，於是漸漸傳言，王爺因為建廟有功高升了。村民們覺得很高興，應該好好歡送王爺，於是便決議把王爺的王船燒了，主神保生大帝雖然知道事情的真相，卻什麼也沒說。我們原本幫王爺準備的王船是用木頭做的，很大、很華麗，就這樣把它燒了。

就這樣過了四五年，王爺突然又出現降駕，大家都很吃驚，問說：「您不是高升到其他地方去了，怎麼又回來了？」王爺說：「我沒有高升，是犯了錯被抓去關。」然後王爺注意到他的王船不見了，就問怎麼回事？村民回答，大家以為王爺已經高升離開，所以就把他的王船燒了。王爺很不高興，要大家再幫他造一艘王船，可是造王船是一件很慎重的事，也要花很多錢。偏偏王爺又催得急，反正我們也不送王了，所以乾脆就用紙糊一艘王船給他。一直到現在，這個王爺還

在我們後寮，紙糊的王船也一直停在那裡。

講述：蘇奕丞、二十二歲、台電員工、大學、國語。師生
採錄：姜佩君
時間：一〇六年十一月二十一日
地點：澎科大教室

竹灣石頭母的由來

　　很久以前，在竹灣的員底有一座小山，後來不知什麼原因，山上石頭崩落，掉下來的石頭都落入海中沈下去，唯獨一塊大石頭浮在海邊。居民覺得奇怪，便撈起這塊石頭放在岸邊，也沒有特別注意它。

　　後來有位婦女，經過這塊石頭，看到石頭這麼大，想說小孩子身體不好，就隨意拜了一下，請求石頭保佑孩子的身體好起來。或許是碰巧，或許是石頭真的顯靈，那孩子的身體就好了。

　　很快一傳十，十傳百，全村的人都知道這塊石頭很神奇，紛紛來乞求自家孩子的身體健康，沒想到都一一靈驗了。因為這塊大石頭保佑村裡孩子的健康，好似母親保護自已的孩子一樣，所以取名為「石頭母」。

　　這塊「石頭母」位於竹灣的海邊，石頭上綁著紅絲帶，並有鐵欄杆圍著，村民常會帶著小朋友來拜拜。

講述：蔡玉琳、二十三歲、商、專科、國語
採錄：蔡玉雯、陳本香、項淑美
時間：八十八年十一月二十三日
地點：馬公市光復路

大道公與媽祖

（一）

　　大道公就是保生大帝，他是醫生，澎湖最早供奉保生大帝的，是後寮的「威靈宮」，因為非常靈驗，所以後來南寮去分香火供奉，北寮再從南寮分香過去。

　　大約九十多年前，後寮宮外面有一個賣魚丸的很有力氣，那時後寮宮外面的二隻「燈斗」已經舊了，大道公就要人們到台灣找二根「大料」回來更新。就在更新的前一天，賣魚丸的爸爸突然生病快死了，大道公說：「只要你明天好好幫我做事，你爸爸就不會有事。」同時還下令說，明天七點到九點之間，宮口前面不許有任何人進出。到了第二天時間一到，兩枝舊的燈斗突然就自己折斷倒下來，大家一聽到「轟」的聲音，馬上跑過去看，幫忙把新的「燈斗」立起來。賣魚丸的因為很有力氣，幫了很大的忙，不久他爸爸病就好了，直到隔年的同一天才死去，也就是保生大帝讓他延壽一年。

　　傳說三月十五日是大道公的生日，那一天一定颳大風；三月二十三日是媽祖生日，那天一定會下雨，這是因為大道公與媽祖娘娘鬥法的緣故。因為大道公是臭頭，頭上會綁頭巾，所以媽祖娘娘就故意在他生日那天颳大風，把他的頭巾吹下來讓他出醜。同樣的，媽祖臉上會抹脂粉，大道公就故意在她生日那天施法下雨，用來弄花媽祖臉上的胭脂花粉。

講述：呂炳坤、七十三歲、日本教育、台語、鄰居
採錄：葉玉婷、洪淑美、林恆梅
時間：八十九年十二月十六日
地點：馬公市重光里

（二）

　　澎湖有很多宮廟是供奉「大道公」的。傳說媽祖當年是要嫁給大道公的，媽祖上了花轎，一路上隊伍吹吹打打，要到大道公家裡去，因為路途遙遠，所以在半路停下來休息。休息時媽祖從花轎往外看，看到母羊正在生小羊，媽祖一看，覺得生產是一件痛苦的事情，結婚生子也許不是人生的好選擇。於是當下決定她不嫁了，要花轎掉頭回去，大道公因此沒有娶到媽祖。

　　大道公覺得這是件丟臉的事，於是發誓以後媽祖生日時一定要降雨，淋掉她臉上的胭脂花粉。媽祖被這麼一鬧很生

氣，也決定以後在大道公生日那天，要刮大風吹掉他的帽子，因爲傳說大道公臭頭，頭上都會戴帽子。所以從此媽祖生日那天一定會下雨，大道公生日那天就會颳大風。

講述：方英福、四十八歲、教、專科、國台語
採錄：方玉真、林芝玫、林鳳琳、葉勇成
時間：八十八年十二月三日
地點：馬公市東文里

七爺八爺的由來

　　七爺公是謝將軍叫謝必安，八爺公是范將軍叫范無救。傳說要是有事去求七爺八爺，夢到七爺公就有救，夢到八爺公就無救。七爺八爺還是人的時候是好朋友，有一次二人約好出去玩，結果忽然下雨漲大水，七爺叫八爺等他。結果二人都有信用，一個沒走，一個去找，結果全部淹死了。因爲重信義，所以死後變成神。

講述：高泉慶、城隍廟廟公、台語
採錄：林嘉芟、朱敏蕙、黃淑卿
時間：八十七年十月三十一日
地點：馬公城隍廟

八家將的傳說

　　八家將是神明旁邊的小神，負責神明出巡時在前面開路的，就像現在大官出來巡視，都有警察在前面開路一樣。當兩隊八家將相遇時會互相比劃，如：甩刺球、用刀子劃臉，讓血流出來。據說鬼或是不乾淨的東西，看見血會害怕就會離開。

講述：林楨、八十歲、農、小學、閩南語
採錄：陳慧菁、陳雅玲、郭淑婷、陳秋子、陳春娟、楊雅婷
時間：民國九十年六月二日
地點：馬公市案山里

四、顯靈傳說

成功天軍殿武財神金身傳說

　　據說在乾隆年間，成功村村民在東方海邊發現一根不斷閃爍著金光的木材，村民想這根木材可能有神物存在。這時正好有一位從唐山來的地理師，他觀察了村莊的形勢說：「你們這裡要奉祀武財神趙公明，地方才能平安。」於是村民便將木頭送到唐山雕刻。但神像雕刻完後，雕刻師傅覺得此尊

神像威儀不凡想佔爲已有，所以又雕了一尊假的想騙村民。

怎知趙元帥早已事先托夢給村民說：「請神必須請左臉頰下有一黑點的，才是真正的主公。」所以村民到雕刻師家去請時，堅持要左臉頰有一黑點的神像，雕刻師被逼的沒辦法，不得不把藏在櫃子的武財神拿出來，村民一看這尊神像的左臉頰正好有一個黑點，於是就高高興興的將這尊神像請回村裡供奉，原來左臉頰的黑點是一隻蒼蠅。

講述：某先生
採錄：劉淑玉、李美月、薛夢君、歐秋燕、翁雪琦
時間：八十八年六月

赤崁龍德宮太子爺金身傳說

從前有一位村民去海邊釣魚時撿到一塊木頭，因爲以前生活很苦，所以看到木頭就很高興的將木頭撿回家中放在雞寮裡。可是很奇怪，所有的雞都不敢在那塊木頭大便。

這時村裡三太子的金身已經很舊了，村民想重刻一尊，可是又找不到好的木頭，這時就有一位村民夢見太子爺對他說，某某人家的雞寮裡有一塊木頭，上面沒有大便，要他將這塊木頭帶回來，刻新的神像。這個村民半信半疑的去找，真的找到這塊木頭，所以就照太子爺的指示拿去刻神像。

由於這塊木頭的材質太好了，所以雕完神像後，雕刻師

就想把神像佔為已有。這時廟裡的鄉老正準備要去迎接神
像，其中一位鄉老夢見太子爺對他說：「真的神像鼻子有三滴
汗。」後來鄉老們去迎接神像，雕刻師就將事先刻好的另一
尊神像給鄉老們，但作夢的那個鄉老就說：「不是這尊，是這
尊鼻上有三滴汗的。」原來那時雕刻師正好洗完手，隨手一
甩，便甩了三滴水在太子爺的鼻頭上。雕刻師非常驚訝，非
常佩服太子爺的神威，於是村民就順利的將太子爺神像迎接
回來了。

講述：鄭英諧、六十五歲、專科、國台語
採錄：鄭靜宜
時間：八十七年五月三日
地點：白沙赤崁

媽祖接炸彈傳說

（一）

第二次世界大戰，許多美軍的轟炸機到澎湖來轟炸，可
是澎湖並沒有因此受到很大的損傷，傳說是因為媽祖顯靈的
緣故。她用她的裙子，在半空中接炸彈，再把炸彈丟到外海
去，所以澎湖才沒受到什麼損傷。

講述：陳興述、六十二歲、義工、小學、台語
採錄：陳韻如、莊靜雯、葉素貞、翁依雯
時間：八十六年十月二十五日
地點：馬公市觀音亭

（二）

二次大戰，日本占領臺灣澎湖，所以美軍要來轟炸。每次空襲警報響起，便可聽到飛機從七美那邊飛過來，聲音非常大。有一次，美軍帶了很多炸彈來轟炸馬公，可是馬公市卻沒有受到半點傷害，這是為什麼呢？傳說是媽祖顯靈。

有陰陽眼的人看到媽祖用她的裙子把炸彈接起來，再搧到馬公港去，現在馬公港有很多炸彈就是這樣來的。從此媽祖就更受澎湖人的敬重和信仰了！

講述：許康南、六十二歲、國台語
採錄：張玄學、葉玉瑩、蕭彩蓮、李鳳嬌、何明璋
時間：八十八年十一月十一日
地點：馬公四眼井

（三）

　　日本時代，飛機來轟炸，觀音媽就用裙子把炸彈擋下海。當時的機員還有西嶼鄉民都有看到，都說虎井的觀音媽很靈。

　　大音宮沒有乩童，要建新廟都是以擲杯方式請示。建新廟前要拆舊廟，很神奇，不用人拆，廟柱就自己一隻一隻倒下來。

講述：陳月卿、五十八歲、家管、不識字
採錄：陳雅雀
時間：八十七年
地點：馬公東文里

（四）

　　在將軍後港的地方有一間天后宮，二次大戰的某一日，天空掉下一顆炸彈，很可能會將整個將軍島炸毀。這時有人看見媽祖顯靈，在半空中接下炸彈，再將炸彈丟入大海中，解救了全島的百姓，從此媽祖更受百姓的愛戴。

　　前陣子永安宮在熱鬧，大家向媽祖神像跪拜，發現媽祖頭冠的珠珠，會隨著人們的跪拜搖擺不已，但其他神像卻無此現象，大家都相信媽祖真的是很靈的。

講述：林志書、三十五歲、工、國中、台語
採錄：陳雪華

時間：八十八年六月七日
地點：馬公市前寮村

媽祖顯靈救難傳說

　　神風又叫做颱風。當初元世祖攻打日本，第一次已經順利登陸了，可惜因為缺乏後援失敗。第二次，船快到日本了，卻遇到颱風，全軍被颱風催毀，剩下一些殘兵在大海漂流。漂流了好幾天，正當絕望時，忽然發現一座小島，他們奮力划過去，終於得救。

　　這座島當時叫平湖，也就是現在的澎湖，他們上岸的地方就是現在的馬公市，離岸上不遠的地方有一座小廟，就是現在的天后宮，他們都認為是媽祖顯靈救他們的。

講述：某先生、台語
採錄：易盟奇、黃柏翔、張永芳、陳正偉
時間：八十九年五月二十三日
地點：馬公市東衛里

後寮炸彈洞的傳說

　　日據時代經常都要跑空襲。有一次美軍來丟炸彈，從瓦

硐往西北方向丟，本來應該是要丟到後寮的，結果居然丟到右邊的瞭望山。大家都說這是後寮的大道公，為了保護百姓化成人形，在山上點著燈騎車，引飛機右轉，把炸彈丟到山上。早期這裡還可看到炸彈留下的坑洞，現在已經沒有了。

講述：林丙寅、八十歲、日本教育、親眼所見
採錄：徐瑞霞、陳盈君、潘香君
時間：民國九十年五月二十六
地點：白沙水族館

馬公城隍廟靈驗記

（一）

八十五年的時候，有一位大約四十歲左右，從台灣來的婦人來城隍廟拜拜。她親口告訴我說：某年她來城隍廟拜拜，拜完要離開時，走到廟門口，腳卻抬不起來，好像有人拉住她一樣，她回頭看卻沒有人，所以只好走回廟裡休息。十五分後想要離開了，一樣還是走不出大門，只好再回去休息。這種情況連續三次後，她才得以回家。

後來有人告訴她：「那是因為妳的祖先有行善積德，因此城隍爺拉住你，不讓你出門，免得妳出門後遇到災劫。」她聽了之後很感謝城隍爺，從此每年都會回來城隍廟拜拜。

講述：蘇明新、六十六歲、城隍廟總幹事、國中
採錄：洪淑靜、許素雯、紀美靜、許伶予
時間：八十六年十月十八日
地點：馬公市城隍廟

（二）

在八十五年的元宵節，有個女人帶著孫子來城隍廟看花燈，那個孫子才五六歲。城隍廟裡的中庭有四人將軍，那小孩子看到四大將軍，就用手指著其中一個說：「鬼、鬼、鬼。」回家後沒多久，臉就腫得像籃球一樣。他奶奶很害怕，趕快跑去城隍廟燒香拜拜，求四大將軍說：「小孩子不懂事請你原諒他。」拜完回去後，他孫子的臉就好了。

講述：蘇明新、六十六歲、城隍廟總幹事、國中、閩南語
採錄：林玉華、王雅惠、林彗靜、鄭曉純、施慧玲
時間：八十六年十月二十三日
地點：馬公市城隍廟

馬公南甲廟靈驗記

傳說有次村裡請王船，有一日本司令官經過廟口，他隨

手摸了摸王船及紙糊娃娃，說了一句：「台灣人太迷信了。」結果一回到家，他摸王船的手馬上發炎了。去醫院檢查，醫生說必需將手切除，才可以保住性命。

這時司令官問他一位顧馬的奴僕，為什麼他的手無緣無故會這樣？顧馬的奴僕就告訴他，可以去問南甲廟的王爺，祂很靈驗。去問了之後才知道，原來是他不信邪，摸了王船和紙糊娃娃才會如此，所以最後是司令官給王爺賠不是，並且拿了一些甘露水回家洗一洗才痊癒。此後，司令官即對王爺非常尊敬，村裡在送王船時也比以往更熱鬧。

講述：七十五歲、樂師、小學、台語
採錄：胡文綺、蔡易潔、謝佩玲、陳怡玲
時間：八十六年十月二十四日
地點：馬公市

馬公土地公傳說

傳說土地公張福德，生前行善樂於助人，所以死後成為神。馬公的福德祠，還供奉全台灣唯一的土地婆婆。那是因為有一年澎湖的漁業收成很差，在村民請示之下，才知道澎湖外海有一隻千年魚精，魚群都被他控制了。正當大家無計可施的時候，澎湖外海天空，忽然出現一位面容慈祥的老翁，手持拐扙滿臉白鬍鬚與千年魚精搏鬥。沒多久，千年魚精俯

首稱臣，漁民開始有好收穫，大家都深信那是土地公顯靈。

講述：鄭英諧、六十五歲、專科、國台語
採錄：鄭靜宜
時間：八十七年五月三日
地點：白沙鄉赤崁村

馬公陰陽堂的傳說

（一）

　　日據時代，因為陰陽堂佔用了營區的用地，所以駐紮在此的憲兵隊隊長，便下令要拆廟。陰陽堂中供奉的都是孤魂野鬼，所以這些鬼便向廟中的地藏王菩薩請命。於是地藏王菩薩便託夢給憲兵隊隊長，請他不要拆廟，否則會受到處罰。

　　憲兵隊隊長不相信，結果不久就生病了，而且怎麼醫都醫不好，最後只好下令不拆廟，病才好起來，從此陰陽堂就香火鼎盛。後來澎湖回歸祖國，國軍接收營區，司令官也因同樣的原因要拆廟，結果同樣的事又發生一次，所以陰陽堂還是維持原狀─佔據了營區的一角。

講述：林天明、三十歲、高職、閩南語
採錄：盧益生、王建富、薛峻宜

時間：八十六年
地點：馬公市

（二）

　　陰陽堂在馬公順承門附近，陰陽堂後面就是以前的防衛部，為什麼軍事重地會有這一間小廟，這其中有一段傳奇的故事。陰陽堂供奉的陰陽公，是清代來澎湖做官的進士，因為水土不服客死澎湖後葬在這裡的，久而久之就蓋了這間廟。

　　光復以後政府接收澎湖，由於陰陽堂佔了營區的地，所以指揮官就下令收回這塊地，要求廟方把廟遷走。可是就在當晚，指揮官就夢見一名身著清裝的人告訴他：「這間廟是我的管轄區，請你不要把它遷走。」指揮官醒來後，對夢中人的印象模模糊糊的，只記得他的臉一邊是白的，一邊是黑的。

　　指揮官起初不相信，但連續幾天都作同樣的夢，所以最後指揮官就取消命令，答應不用把廟遷走，因此就形成現在陰陽堂位於營區的奇觀。

講述：林君憲、廿歲、學生、國語
採述：林志賢
時間：八十六年五月二十三日
地點：馬公市澎管處

（三）

　　陰陽堂是拜黑無常與白無常（七爺和八爺），以前廟址好像佔到憲兵隊的土地，所以憲兵隊隊長叫管理人員把廟遷走。但管理人員認為廟本來就在這兒，憲兵隊是後來才來的，因此不願意遷走。

　　當天晚上憲兵隊隊長睡覺，看到一位穿白袍拿扇子的人跟他說：最好別把廟遷走。隔天隊長覺得奇怪，就跑到廟裡去，一進去就看到白無常，跟他昨天夢到的人一模一樣。

　　後來隊長的太太生了重病，他聽人家說陰陽堂很靈，於是就去要了一點香灰，太太吃了香灰後病就好了。隊長覺得白無常治好他太太的病，就決定不拆廟了。

　　台灣光復以後，陰陽堂上面蓋遮陽棚算是違章建築，憲兵隊要來拆之前，市長就夢到了白無常，於是只象徵性地拿了一塊瓦，算是拆掉了。

講述：薛明卿、六十歲、榮民、高中、國語
採錄：方玉真、林芝玫、林鳳琳、葉勇成
時間：八十八年十一月二十六日
地點：馬公市民權路

（四）

　　日本時代，家裡拜的神像都被日本人搬走，連一些大廟的神像也搬去燒，不讓人拜。陰陽堂是建在日本憲兵隊的土地，所以憲兵隊長說陰陽堂要拆掉。

　　當晚隊長睡覺，陰陽公就去找他，叫他不要拆。最初隊長不相信，還是說要拆，但是陰陽公天天去找他，隊長每天都夢見陰陽公他叫他不要拆。最後憲兵隊長怕了，想說這神怎麼這麼厲害，就宣佈不拆了。那廟到現在還在那裡。

講述：陳振益、五十四歲、公務員、高中、國台語
採錄：林婉琪、黎孝敏、周真竹、黃怡華、林嫈芬
時間：八十七年十一月八日
地點：馬公市

（五）

　　日本時代，陰陽堂佔了營區的營地，憲兵隊長常常說要拆了這間廟。澎湖有個林蜜，今年九十二歲了，被當時的憲兵隊長請去煮飯。後來憲兵隊長的太太要生產，生不下來，很危險，林蜜就去陰陽堂求，祈求夫人順利生產，她會請隊長不要拆這間廟。後來隊長太太就順利生產，但隊長不答應。那天晚上，陰陽公就顯靈，讓憲兵隊長夢到，要他不可以拆他的廟，所以隊長就不敢拆了。

講述：蔡福氣、六十三歲、城隍廟幹事
採錄：陳勁榛、鄭慈宏
時間：八十六年七月二十七日
地點：馬公城隍廟

菜園東安宮靈驗記

　　傳說在案山、東西文一帶，有一人肚子脹的十分厲害，萬歲爺（朱府元帥）為其開藥治病，藥方中有「白信」五厘。白信即氫酸鉀，有劇毒，常人食之必亡。臨鸞（即乩童）說：「萬歲爺要害死人，我不願同罪。」萬歲爺：「要用『白信』要先找七十二粒冬瓜籽。」這人半信半疑，走到神社（即今忠烈祠）看到有人種菜，恰巧有顆爛的冬瓜，算一算剛好有七十二粒籽，病人想既然有冬瓜籽，應該便可以服用那帖藥，於是便按萬歲爺的藥方服藥，吃後沒多久就好了。

　　最近社里一子弟，半夜飲酒後，將一營頭公[十二]連符抽起，丟入海中，這事除了他之外並無人知。隔日早上發現廟中於夜中「發爐」（即香爐沒有太多香，卻發熱起火，甚至香灰如沸騰一般，代表有事發生），鄉老即連絡執事、乩童起壇，才知本社弟子毀損營頭。話未盡，昨晚犯錯之弟子便衝入廟內，跪著承認自己的不是，最後主公指示要重新安置營頭（因已

十二　澎湖的宮廟，普遍會在村的四個邊界設東、南、西、北、中五營，俗稱「營頭」，五營設有竹符，以保境安寧。

破壞法力），犯錯弟子並願負起全部開支。社里對此事無不嘖嘖稱奇。

講述：黃明光、五十五歲、台電、專上、閩南語、父子
採錄：黃國峘、蔡炳倫、高明娥、陶晶蓉
時間：八十六年十一月十二日
地點：馬公市忠孝路

菜園將軍廟靈驗記

（一）

　　菜園將軍廟供奉的是石頭公相當靈驗。日據時代，一位日本軍官常帶著一隻狼犬在附近進出，當時石頭位於現在廟址對面，已有人在拜拜。一天，軍官帶著狼犬經過，狼犬在石頭上小便，結果腳放不下來，一直不停的哀嚎。日本軍官不知為何如此，經人告知才知道狼犬對石頭公不敬，這是石頭公對它的懲罰，需要拿二百金（冥錢）還願賠罪方可好。日本軍官不得已，只好購二百金冥錢，再拿五元添油香。待燒完冥錢，賠了不是，狗的腳便好了。此後，大家更很尊敬石頭公了。約七十年前社里提議建廟，至今已經過兩次改建。
　　二次大戰期間，日本兵閒著沒事做，便擲笅問石頭公說：「何時可以回國？」石頭公指示：「今年年底便可以回國。」

士兵覺得不可能，結果那年日本便投降了，他們便在年底回國，所以日本官兵對將軍廟也尊敬有加。

講述：黃明光、五十五歲、台電、專上、閩南語
採錄：黃國峘、蔡炳倫、高明娥、陶晶蓉
時間：八十六年十一月十二日
地點：馬公市忠孝路

（二）

　　傳說日本時代有個原田次郎先生，他的小狗在石頭邊解尿，尿完後腳竟然彎曲動彈不得，且原田先生的太太，肚子突然痛得非常厲害。村人猜想應該是冒犯了石頭公，就要他們準備菜、飯、湯，祭拜石頭公。拜完後，小狗的腳就好了，太太的腹痛也不藥而癒。

　　還有一些台灣人，在日本時代被徵召來澎湖當兵，因為很辛苦，就一起到石頭公那兒擲筊，問什麼時候能夠返鄉？石頭公表示年底即可返鄉。到了年底台灣就光復了，大家都可以順利返鄉，士兵都覺得很神奇。因為石頭公有求必應，大家感恩石頭公對村民的庇護，便決定為石頭公建廟。

講述：任樹龍、三十四歲、石刻藝術家、國台語混用
採錄：陳煦

時間：八十七年十二月十五日
地點：馬公市菜園里

山水太師爺顯靈傳說

　　有一年，風櫃建醮很熱鬧，山水的人也抬神轎到風櫃一起熱鬧，然後留在那裡過夜，所以山水只剩下老弱婦孺。

　　山水有一座太師爺的廟，太師爺就變成人幫忙巡邏，他發現村外有壞人要進來偷東西，就用石頭丟他們。壞人換別的地方進來，太師爺還是用石頭丟他們，用石頭打他們走。等天亮，太師爺就叫山水的男人快點回來顧家。

講述：陳天上、七十三歲、不識字、小時候奶奶說的
採錄：徐瑞霞、陳盈君、潘香君
時間：民國九十年五月二十六日
地點：馬公市山水里

重光康王爺抓妖傳說

　　以前因為人口少，陰氣重、鬼魂多，所以常有一些不好的東西出來作怪，因此重光的康王爺，每晚都會出來抓鬧事的鬼魂。村民常在晚上看到紅色及青色的火光飛來飛去，那

就是康王爺在追逐鬼怪。那時有黑狗精作怪，康王爺抓到黑狗精後，黑狗精就化為一塊骨頭，康王爺就把骨頭拿去填港，之後就沒聽到黑狗精作怪的事。

聽說還有黑貓精，黑貓精看上了某村的女孩，就化身女孩的父親，天天去找她，和她朝夕相處。但是畢竟人妖殊途，最後黑貓精還是被康府王爺除掉了。

講述：葉如竹、六十九歲、日本教育、台語
採錄：朱爰聰、黃宜芬、盧虹羽、陳秀燕、蔡美霞
時間：八十七年五月二十四日
地點：馬公市重光里

隘門金恩主傳奇

金恩主是隘門供奉的神明，從供奉以來都相當靈驗，一直保佑著村民平安順利。很久之後，金恩主神像的漆差不多都掉了顯得很老舊。村民便將金恩主的神像送至雕刻店重新整飾一番（俗稱剃面）。

正巧大倉也是供奉金恩主的，村民也同時將神像送至相同的店剃面。數日後，隘門要去請回神像，便在兩尊神像中選擇了一尊較美觀的金恩主回去。結果，由於他們的一念之差，請回來的是大倉的金恩主，造成日後重大的損失。

傳說隘門的金恩主早就料到有請錯神明的事，所以特地

在請回神像的前一晚，托夢給負責的人，叮嚀他明天請神像時，要請左邊嘴角有顆痣的才是本村的神像。隔天，負責人的確有注意神像左邊的嘴角是否有痣，但他始終看不到金恩主所說的痣，只看見一隻蒼蠅在神像前時飛時停。奇怪的是它停的時候，總是停在其中一尊金恩主神像的左邊嘴角上，他想應該是這尊，可是村民卻嫌這尊神像比較醜，所以便選擇另一尊漂亮的回去。傳說大倉的金恩主可能是因為香火比較不旺盛，所以沒有隘門的靈，但請錯神後情況就改變了。

大倉以前的人數很少超過一百人，因為村裡常有個婦人來行乞，只要她一出現，三日內村中必會少一個人，但是大家都不知道是什麼原因。直到請回隘門村的金恩主後，才發現原來這個婦人是鳳精的化身。於是金恩主在三日內找一個新乩童，並要村民擺設香案，結果在大倉西北方的一個洞內挖出一具鳳骨，村民經金恩主指示，把鳳骨火化，從此大倉村民便過著平靜的日子。

【後記】

另有一說：被請錯的神為「萬恩主」非「金恩主」。隘門萬恩主曾託夢提醒，要選擇目旁有一紅痣者。但當天去請神像的人，並非託夢的那位，反而把紅痣誤以為瑕疵而另選別尊。於是有紅痣的神像，便被大倉請走。從此，隘門若有事要請示萬恩主，便要向西北方大倉島方向呼請萬恩主。（案：隘門三聖殿開基之初，奉中壇元帥，後主祀金府千歲，今主奉萬府千歲。）

講述：洪秀儉、四十三歲、家庭主婦、台語
採錄：蔡明珠、楊惠雯、蔡瑜珍、葉盈君、宋美嫻
時間：八十六年十月二十九日
地點：馬公市興仁里

成功趙府元帥靈驗傳說

　　差不多五十年前左右，中屯還是座孤島，居民往來馬公，只靠著海水退潮後才看得到，大概三尺寬一尺高，用石頭堆成的一條小路。若是漲潮，路是完全被海水淹沒的。

　　那時港底有位叫「乩伯」的老乩童，他要到講美捉小豬回去養，去時是退潮，回來時已經漲潮無法回去。他在中屯有一個好朋友，朋友說反正漲潮無法回去，不如到他家過夜，等明早再回去，於是乩伯便留在他家。

　　吃完晚飯後，乩伯說要出去走走，去了很久卻沒回來。他的朋友覺得很奇怪，因為豬仔還在，現在還是漲潮，乩伯應該無法走回去才對，怎麼到現在還沒回來？這下朋友緊張了，趕快要鄰居幫忙找，中屯並沒有很大，但是他們找了一整夜，卻找不到乩伯。

　　於是隔天天剛亮，水還有半個人深時，他趕快叫兒子拿扁擔，互相牽著走到港底乩伯家，到他家時，乩伯正在睡覺。朋友覺得非常奇怪，昨晚乩伯出去時，水明明還有二、三個

人高，他又不會游泳，怎麼會回到家睡覺呢？

　　他們問乩伯怎麼回來的？乩伯說當時他迷迷糊糊的看見海上有一條白色的路，就走回來了。原來當時村裡有孕婦難產，來向趙府元帥求救，趙府元帥要救人，但沒有乩童無法辦事，所以就讓乩伯走水面回來。

　　有一個叫烏崁平的人，他是學邪術的。有一次大城北的主神站轎[十三]，烏崁平就給他試童[十四]，結果一試乩童就倒下來。大城北的人看到烏崁平在試童就罵他，他不高興，回去就用法術封住大城北的廟門。他們主公知道就下壇與他鬥法，結果烏崁平的邪法很厲害，主公鬥輸他，所以就去拜託東石的神明，當時很多人知道，就上去東石看他們鬥法。

　　有個叫乩伯的人，本來不是很想去看鬥法，但硬被拉去看。去的時候，烏崁平正使法術攻擊神明，東石的神明也施法回擊，結果還是輸了。這時我們廟裡的神明（趙府元帥）就附在乩伯的身上，他們就趕快清開一個位子讓元帥坐。

　　元帥要身旁的人後退一些，便開始施法。雙方開始鬥法：東石廟的天公爐，來回搖動的很厲害，看到的人都嚇壞了；而烏崁平家裡的東西，也被弄的東倒西歪，房子好像要被拆

十三　站轎：遶境時神明附身於乩童身上，為顯神威，乩童通常會站
　　　在神轎之上，稱為「站轎」。
十四　試童：用術法試探乩童是否有神上身。

了一樣。最後，烏崁平跪下向趙府元帥認錯，說他從今以後不再用邪術，也不會教任何人。

　　南寮村供奉的主神是保生大帝。很早之前，村中有位阿嬤，她是位巫師，家中只有她和一個小孫女生活在一起。有天，孫女突然肚子痛，她就跑去問帝公，有沒有什麼藥方可吃，結果帝公說這小女孩活不過三天。

　　阿嬤聽了很生氣，就與帝公打賭，如果她孫女真的三天內死的話，那她的兩顆門牙就給帝公當笅。結果三天不到，這小女孩就死了，帝公就不客氣的拿劍在女孩的臉頰打一下，兩顆門牙就「蹦」的掉下來。

　　阿嬤心有不甘，就將孫女的前牙拔起來，埋在廟門的門檻下，讓出出入入的人跨過。這樣四十九天後，小女孩就成了精，化做人形跑到南寮廟口的旗桿台上，有人看到就去問阿嬤，阿嬤卻裝糊塗。後來小女孩跑進廟裡「簒殿」，因當時帝公金身的漆都掉光了，敵不過女孩，就到成功天軍殿請主神趙府元帥幫忙。

　　當時，成功有對父子都是乩童，父親與阿嬤認識，就故意去找阿嬤聊天，由他兒子在廟口起壇做法，讓趙府元帥附身。有人看到就去跟阿嬤講，但因為老乩童在與阿嬤聊天，所以她不以為意。過了不久，那成精的小女孩匆匆跑回家，阿嬤和老乩童都看到了，阿嬤馬上站起來，拉起膨鬆的裙子，

準備讓小女孩躲進去時，老乩童往前按住她的手，小女孩無處可躲，結果就被趙府元帥捉了。

講述：李仁猛、五十一歲、室內裝潢、小學、國台語
採錄：劉淑玉、李美月、薛孟君、歐秋燕、翁雪琦
時間：八十七年十一月二十一日
地點：湖西鄉成功村

菓葉聖帝廟紀念館傳說

（一）

　　許氏家廟旁的聖帝廟非常靈。有一次廟裡在「鬧熱」，神明「站轎」，有人不信就「試轎」^{十五}，結果害乩童從轎頂摔下來，聖帝不原諒那個人，隔天那個人就死了。

　　菓葉的三府千歲，自民國七十一年來此之後，便神威顯赫使村民們安和樂利。後來海上飄來一棵巨木，村民用任何工具都無法挪動它，只得任其擱在沙灘上。^{十六}

　　民國七十九年三府千歲奉旨起駕出巡，巨木就在千歲指定的出海地點，村民對巨木擋路都感到無可奈何。九月三日

十五　試轎：同前註「試童」，用術法試探乩童是否有神上身。當乩童被「試童」，神明會暫時離開乩童身上，這時就要靠在旁護法的法師保護乩童，並且使神明重新回來附在乩童身上。
十六　根據碑文記載，該巨木長四丈二尺，周圍二尺八吋。

深夜，巨木突然自己發火燃燒，燒過的木身顯現出龍頭、元寶、馬的意象：龍頭為首、銅元寶為中、馬身為尾，代表三府千歲龍銅馬之姓氏。

村民認為是龍銅馬三府千歲顯神威，便在廟前蓋了一座「龍銅馬千歲紀念館」，把被無名火燒剩的巨木放在館內。三府千歲走了之後，還是經常回來顯靈，替村民消災解厄，菓葉廟若有大事，也會奉請三位千歲回來看看。

講述：葉先生、七十歲、高中、國台語
採錄：陳逸平、陳逸輝、張秀枝、吳玉霜、紀心婷
時間：八十七年十一月十四日
地點：湖西鄉菓葉村

（二）

澎湖的廟中幾乎都有千歲，有的是三府千歲，有的是五府千歲。本村則是龍、銅、馬三府千歲。祂們駐守在本村的廟中很長一段時間，後來時間到了，有其他的宮廟要來請，王爺要離開了，所以我們就準備送王。

準備送王的沙灘，常有一些漂流木堆積在那裡，而王爺選擇送王的地方，剛好就有一大塊木頭擋在那裡。我們去請推土機來推，推不動，所以就要請怪手。結果當天晚上，這塊木頭自己燒起來，而且燒剩下的樣子很奇特，像龍頭、元

寶跟馬的樣子。因為這樣，村民就可以輕易的把它移開，順
利舉行燒王船的儀式。

講述：陳文隆、二十四歲、警察、大專、幼時聽三叔公說的
採錄：曾靖雅、吳瑞娥、陳美慧、江瑞婷
時間：八十七年十一月二十四日
地點：湖西菓葉

青螺觀音傳說

　　青螺佛祖寺供奉的觀世音菩薩很靈驗。據說有人去偷觀
世音菩薩的神像，但菩薩不想跟他走，於是就讓這個人在佛
祖寺前面的樹林裡，不停地繞來繞去，找不到路出去。後來
有村民看到他的行動很奇怪，前來問怎麼回事，才知道事情
經過。最後村民將神像帶回佛祖寺，他才能離開林子。

　　傳說佛祖寺的廟地是雞母穴，以前早上及傍晚的時侯，
都會看到一隻母雞帶著一群小雞在那邊走來走去，也會聽到
雞叫聲，但是真的去找卻找不到，等沒有人時又會出現。

講述：李月玉、六十歲、農、不識字、台語、母女
採錄：李維琍
時間：八十九年十二月十日
地點：湖西青螺自家

林投千歲爺傳奇

　　湖西鄉林投村的鳳凰廟有尊千歲，據說以前有位漁夫出海打魚，結果遇上大風浪在海上飄浮。這時千歲爺顯靈，腳踏海水去救這位漁夫，一不小心一腳踏進海水，把鞋子弄濕了。一直到現在他坐鎮在廟中，不管信們徒怎麼更換鞋子，鞋子始終都是濕的。

講述：盧文賢、四十二歲、工、識字、國語、父女
採錄：盧淑惠、陳珮珊
時間：八十七年十一月一日
地點：湖西鄉湖西村

許家觀音聖跡

　　許家村有一大廟、一小廟，大廟的主神是許武真君，小廟的主神是觀音佛祖。差不多五六年前，祂在顯神跡的時候，剛好有人在這裡開一間鸞堂救世，鸞堂佛龕裏面，生出一些青苔，遠遠看起來像竹子一樣，不是都說觀世音菩薩在南海紫竹林，就是那個樣子。這些青苔大概長了二、三年，後來那鸞堂結束了，青苔就乾了。

講述：許文壹、七十一歲、造船廠領班
採錄：陳勁榛、鄭慈宏、陳薏如
時間：八十六年七月二十八日
地點：湖西鄉許家村

通梁神明顯靈記

　　傳說只要有重大工程要動工，就必須要「活祭」。大約十多年前，通梁新建漁港碼頭工程時，神明曾透過乩童指示：「從某日到某日的這段時間，必須特別注意家中小孩子，不可使其獨自到海堤邊。」當時居民並未特留意此事，也不懂神明指示的涵意。直到期限結束的前一天夜裡，一個在澎湖當兵的外地人，為了偷懶打算溜到船上休息，卻不慎失足跌至海中淹死。這時通梁人才知道，原來神明一直在暗中庇佑他們，無辜的外地阿兵哥，就成了活祭事件的代罪羔羊。

講述：某先生、七十歲、廟公、私塾、台語
採錄：周美芳、顏秋婷、歐美芳、呂佳紋、陳佳秀
時間：八十七年十一月十二日
地點：白沙鄉通梁村

金王爺顯聖救人

　　有一個先生在西嶼經營海水浴場，有一次騎機車回家時摔倒了，差不多一個禮拜後腳才開始痛，然後不醒人事。迷信的是說他被王船（王爺）抓走了，以現在醫學來說，就是破傷風。送澎湖的醫院說沒辦法，就送去台大。頭一兩天，有人說應該去廟裡拜一拜問怎麼回事，但又不敢作決定，不知道人家信不信這個。到了後來，情況很危險，他的兒子就說：「你們要問神或是做什麼都沒關係，隨便你們。」

　　於是就去問神，神說：「他的魂被王船帶走了，如果船沒開走，我可以去把人要回來，你太慢講了，現在船已經開走，沒辦法了。」家人不放棄到處問，後來就找到金府千歲。這個千歲比較有辦法，他就上天庭奏請大千歲（案：講述者說是一種總管王爺的神）下命令，要王船開回來，王船開回來後沒幾天，人就清醒了。

　　醒了之後，兒子就問：「阿爸，你去十二天，感覺怎樣？」「哪有怎樣？」「你昏迷十二天都沒清醒。」「我哪有十二天沒清醒，誰說的？」爭到最後他才說：「那天有一隻金色的船去載他，船上的那些人我都不認識。」那艘船就是神明去接他的船。他在船上做「大廳爺」，大廳爺就是千歲爺的秘書，總管王爺一切事務，像總務主任、主計主任之類的神明。

講述：許文壹、七十一歲、造船廠領班
採錄：陳勁榛、鄭慈宏、陳蕙如

時間：八十六年七月二十八日
地點：湖西鄉許家村

港子保定宮傳奇

　　港子有一戶許姓人家十分富有，他們跟大陸通商做生意，光是賣鹽的船就有十幾艘。他為了炫耀家中的財富，決定在保定宮後面蓋一棟比廟更高的房子，神明知道了就告訴他：「房子要蓋高可以，但是要比廟低三吋。」然而許姓人家不理會，堅持房子一定要蓋得比廟還要高才可以。神明看他不聽勸，就告訴乩童，許家會如此富有，是因為他的祖先葬了一個「水蛙穴」的好穴，能庇佑後代子孫發財。神明要乩童至西邊的一處墳上，將此穴破壞，從此許姓人家就敗落了。

　　另外，十幾年前，有一位洪姓民眾來廟拜拜，不小心把香放在瓦斯旁引起大火，將廟的後殿燒個精光。但奇怪的是所有東西都被燒毀，唯獨神像完全沒有被火燒過的痕跡，就連鬍鬚也沒有燒到。經過這件事後，民眾就更加尊敬神明了。

講述：林名、五十八歲、漁業、不識字、台語。
採錄：陳美慧、楊雅如、薛小琪、許雅婷
時間：八十八年六月五日
地點：港子保定宮

竹灣大義宮簡介

我們現在看到的大義宮，是由以前的舊廟改建的，大義宮是外面人的所稱呼，我們當地人都稱之為得善堂，裡面供奉許多神明，較大的神明為聖帝祖和恩主公。聖帝祖大多時間會外出辦事，因此，廟裡平常都由主公作主。此外，廟裡有尊天上聖母，是馬公市長許麗音從大陸請回來的，她哥哥看了很喜歡，要求送他，之後就供奉在宮裡，也很靈驗。

宮裡每個月會舉行三次的舉乩儀式，時間為每月的初三、十六、二十九，都由主公的學生主持。每月這三天一到，都有很多人來問事，甚至遠從台北來。要舉乩時，主公的學生會先將你要問的問題大略寫在紅紙上，之後再將紅紙放在神桌上。燒香拜拜後大約半小時，就會有兩位主公的學生，感應神明的指示，在神桌上寫字。他們寫字的工具不是筆，而是一支三角的木頭，三邊都纏上紅布，一人拿一邊，一次寫一字。而身邊會站著三到四位較資深的學生，將神明所出示的字大聲唸出來，另有一人作紀錄。此宮很靈，所以有許多人願意台灣澎湖兩邊跑。有的人要考試前，也會來此宮拜文昌聖帝，去廟裡都可看見神桌上放了許多准考證。

講述：許彩放、家管、六十歲、不識字、台語
採錄：顏玲華、顏麗倫、劉玲琪、洪朱菁、方榮勤
時間：民國九十年六月九日

地點：西嶼鄉竹灣村

竹灣大義宮靈驗記

（一）

　　很久以前，隔壁村莊有一間古厝，這間古厝的屋角是翹起來的。以前這裡人丁不很興旺，妖魔鬼怪很多，那戶人家的孩子不知道沖犯到什麼，常有一個非常大的黑影「咻！」一下子就出現了，這時小孩就會瘋瘋癲癲的，父母親不知道該怎麼辦，只好來這裡請示。

　　恩主公告訴這家人，他的孩子犯了南邊的一隻鳥精，這隻鳥精是一隻死鳥，吸收日月精華幻化成妖怪。這家人請恩主公幫忙處理，恩主公答應幫他們收妖，但是「今天是一號，要等到十號的時候，才能到你們家捉妖。」因為恩主公沒有形體，捉妖需要法師協助，恩主公對廟中的法師說，你們先按兵不動養精蓄銳，等時候到了再去。

　　到了十號下午法師來了，恩主公也來了。恩主公吩咐法師說：「你們今天要注意聽，當我喊『殺！』時，你們就拿出鐵劍殺。」就在黃昏時，那黑影又來了，並且直衝屋裡去。就在要衝進去時，看到法師在做法保護小孩，便不敢進入屋中，就躲在翹起的屋角邊。

　　法師不知道他藏在屋角，但是恩主公知道，就指示法師

往屋頂上的屋角殺去。法師就拿出鐵劍往屋角上殺，一陣刺殺後，就聽到了淒慘的吱吱叫聲，然後就從屋角掉下鳥精的翅膀。原來法師寶劍一出鞘後，就斬到了鳥精的翅膀，鳥精負傷慘叫往南方飛去，從此不敢再來這裡招惹百姓。之後小孩就復原了，那一家人都很高興的回來向恩主公拜謝。

講述：蔡宗正、七十三歲、日本教育、台語
採錄：李書瑩、康淑蘭、陳俊勳、方心舫
時間：八十七年十一月八日
地點：竹灣大義宮

（二）

以前有位老人到大義宮的地下室拜拜，正要下樓時，腳踝忽然一陣疼痛，低頭一看，腳踝竟然莫名腫起來了。因為痛的奇怪，便向大義宮的關公請示，原來是老人下樓時，恰巧撞上迎面而來的「赤兔馬」，因此腳踝才腫起來。經過關公的化解，老人腳踝的腫脹很快就消失了。

講述：許陳月、五十三歲、商、不識字
採錄：黃志昌、吳建鋒、陳孝忠
時間：八十七年十一月二十八日
地點：竹灣大義宮

大義宮馬僮的由來

傳說某一天一大早，竹灣村的村民正要下田工作，卻發現田裡的花生、蕃薯、玉米……，不是被拔起來，就是被踩扁，整個田坑坑洞洞的，就像是被什麼狂奔掃過一樣，村民都找不出是誰做的好事。之後常常這樣，村民開始擔心農作物沒收成，生活無法過下去，就到廟裡請示神明。

神明說這是關公身邊的赤兔馬，跑出來玩的緣故，因為赤兔馬晚上無人看顧，所以就跑出來玩，踐踏了農作物。那要怎麼處理呢？神明說，只要在赤兔馬旁邊做一個馬僮，再用繩子拴住牠，這樣赤兔馬有人管，晚上就不會到處亂跑了。所以大義宮廟門前，本來只有一匹馬的塑像，後來就多做一個馬僮，從此就沒有怪事發生了。

講述：某先生
採錄：劉淑玉、李美月、薛夢君、歐秋燕、翁雪琦
時間：八十八年六月
地點：竹灣大義宮

大義宮海龜的由來

澎湖這地方，常有漁民在出海捕魚時，不小心捉到海龜。話說從前有一個老先生，非常喜歡吃龜肉，每次只要有人出

海捕捉到海龜，他便向漁民買回家殺了吃。幾年後，這個老先生生了一個兒子，但是這個孩子卻長得不像人像烏龜。有人說是他吃了太多海龜，是海龜來投胎，要向他討命報仇。

後來人民漸漸開化，不再殺海龜，但是漁民偶爾還是會捕到海龜。於是有人提議，將海龜捐出來放在廟中供人觀賞，所以現在大義宮的地下室才會有海龜供人欣賞。

講述：蔡宗正、七十三歲、日本教育、台語
採錄：李書瑩、康淑蘭、陳俊勳、方心舫
時間：八十七年十一月八日
地點：竹灣大義宮

大池黑王顯靈記

日據時代，有神明指示說：「某日中午十二點，某個地方會浮出一艘船。」消息傳出後沒有人相信，不過因為好奇，有很多人去看。結果，真的！那天中午十二點一到，我們叫「龍尾」外海的地方，真的浮了一艘船上來，不過只有船底。有人說浮出來船底的木頭上，每根都打有「大池黑王」的印，也有人說沒有字，只是普通的木頭。

這船底的木頭很好，當時竹灣還沒有建廟。以前生活比較苦，所以有人傳說，竹灣人用二袋高粱，收買我們這裡的人，說這些木頭是要讓竹灣建廟用的，結果木頭就被竹灣人

拿走，不過聽說這些人的下場都很不好。

講述：王國華、大池村長。陳德府、六十六歲、漁
採錄：姜佩君、陳勁榛
時間：八十七年九月十一日
地點：西嶼鄉大池村

池東黑面馬王巡海邊

　　我是西嶼池東人，池東村的關帝廟，供奉的是文武聖帝，下面還有四尊甲頭王爺[十七]，王爺的神像很大，大約一個人高。其中北甲的王爺是馬王，馬王是黑臉，看起來很兇，池東北甲附近一帶的海岸都是他管轄的。

　　有一天，廟公一大早來到宮廟，發現廟門口有一道水痕，一直延續到廟內，還有腳印。廟公感到很奇怪，因為宮廟晚上都會關門，直到隔天他來開門。現在廟門還沒開，內外也找不到其他人，也沒有小偷或是什麼人來搗蛋的痕跡，那水痕到底是怎麼來的，廟公覺得很奇怪，卻找不到原因。

　　後來，廟公在打掃的時候，發現每尊王爺神像的腳都很乾淨，只有馬王的靴子濕濕的，而且還沾了許多海沙。廟公覺得很奇怪，懷疑有人惡作劇，但沒有說出來。這樣的事連

十七　「甲頭」請參見頁八，註四。通常每甲都有專責的神明管轄，
　　　其位階在村廟主神之下。

續發生了三、四次，廟公決定要查清楚，所以就整夜沒睡，躲在廟裡偷看。結果大約傍晚的時候，看見一個人從廟中走出去，一直到天快亮時才回來了，廟公看不清楚這人是誰，走到廟裡一看，「沒人！咦！馬王的靴子又濕了。」因爲廟公每天會幫馬王清理靴子，這時他才想到，原來是馬王到海邊巡邏，才會把靴子弄濕了。

講述：顏開發、六十歲、初中、台語、父女。聽岳父講述
採錄：顏慧嬋、馬金足、朱淑勤、陳亞慧、吳錦惠、曾筱芸
時間：八十九年十二月十五日
地點：馬公市西文里

望安某小廟靈驗記

（一）

大約五十年前，將軍島有一個捕魚的，姓陳，他每次出海都「摃龜」捉不到魚，所以就打算把船賣掉。最後一天捕魚時，還是沒捉到魚，但回來的時候，發現有二具水流屍，姓陳的就把他們撈起來葬在那裡，祭拜一下後又出去捕魚。結果這次滿載而歸，而且從此之後，每次捕魚都滿載而歸，所以後來船就不賣了。

這二個人（指那兩具水流屍）是台南人，一個是乩童，

一個是桌頭，平常他們就常乘竹筏一起去釣魚，結果這次意外死掉。在漂流中還沒死時，就把自己綁在一起，意思是說死也要死在一起，後來才被這個陳先生發現撈起來。

有一年多天天氣不好，所以這個姓陳的就沒出海捕魚，躲在家中睡覺。結果那二個人來托夢，要他出去捕魚，結果他半夜開船出去，隨便撒網竟然滿載而歸。姓陳的賺錢後，就為他們二個蓋廟、刻神像，等到再有錢時，就為他們「牽魂路」（殆為招魂一類的儀式）。

牽魂要用二個假人，假人的身體是紙糊的，頭是用畫的，頭有分老的、少的、男的、女的。以前交通不方便，買回來後大家都隨便分一分、用一用，剛好剩二個老的給姓陳的。但這是不對的，那乩童是年輕的，桌頭是老的，所以當晚他們就托夢給姓陳的，說他把他們的頭弄錯了，要一個老的一個年輕的才對。發現他們的陳先生已經死了，他的兒子還在，現在五十多歲，每年都會載一大車的銀紙來拜，拜的很豐盛。

這二個人很靈，靈到什麼程度？我們這邊有一個農會主任叫趙君四，六十幾歲，馬公人。他閒著沒事，時常到廟附近玩，看到有廟就去拜一拜。有一次，拜完了，出去四周一看，看到附近的淺灘有很多小魚。他在這裡養了很多土雞，就想：「要是能抓一些小魚回去，煮一煮曬成乾，再捶一捶做成粉，拌入飼料給雞吃，不知道有多好！」話才一說完，魚「啾！」的一聲，全都自己跳上岸。「那沒有東西裝怎麼辦？」他東張西望的看一下，看到一個便當盒，外面套一個塑膠袋，就用塑膠袋把魚裝回去弄給雞吃。

　　他每天上班前，都要到那裡拜一拜，有一次拜拜就想：「這裡沒燈沒什麼的，要是能有個小瓦斯爐，每天早晚燒水奉茶，不知有多好？」拜完，沿著海岸走回來，走沒幾步路，發現海上漂來一個汽油桶，那種大的、二百公升的那種。漂上岸後，他用腳踢一踢，還很重呢！就把它打開，用手摸一摸是柴油，就來這裡找我，問我有沒有什麼東西可以抽油的，我說沒有，他就去找別人。結果那桶是高級柴油，總共賣了一千三百元。

　　賣了錢後，他回到馬公就去買小瓦斯爐，花了一千元，他想：「那我還賺三百元。」煮開水要有茶壺，他想家裡有把舊茶壺可以用，就把那個舊的帶去用，結果第一次用就「碰！」一聲燒壞了。所以再下個星期他回馬公時，只好去買個新茶壺，白鐵的，三百元，所以他前後剛好花一千三百元。全部弄好就把東西送過去，然後過來找我要玻璃杯，要敬茶的，所以我就送他四個杯子，擺在那裡拜拜。

【後記】

　　講述者說：此廟很小、無名，位於望安加油站前面的海灘，第一公墓那裡，那一區的地名為南坪。

講述：陳朝虹，三十六歲，任職中油，曾任村長、桌頭
採錄：姜佩君、張百蓉、陳勁榛
時間：八十七年九月十二日
地點：望安加油站

（二）

　　那是四十多年前的事了：有一老一少從台南坐竹伐出海釣魚，其中老的是桌頭，少的是乩童，結果因為風浪太大，他們就淹死了。他們在死之前，把自己綁在竹伐上，由於竹伐不會沈，所以屍體就隨著竹筏漂到澎湖外坬，被一位窮愁潦倒的將軍人發現了。這個人每次出去捕魚都捕不到魚，所以船員都走了，也沒錢買食物汽油，最後只好把船賣給別人，說好如果這次出去還是捕不到魚的話，就把船賣給他。

　　結果最後一次捕魚，在外坬發現兩個浮腫的屍體綁在竹伐上，他也不管什麼禁忌，就把船靠岸通知警察。由於警察坐船到那要花好幾天的時間，所以他就先把他們安葬然後回家。原本要買船的人，聽到這件事也不敢買了，於是他只好繼續捕魚，但卻從此天天滿載而歸。就連風浪很大的冬天，沒人開船出去捕魚，他也是在家裡睡覺。睡夢中有人叫他去捕魚，他起來後，半夜開船出去隨便下網，結果又是滿載而歸。就這樣他的經濟漸漸起死回生，船也不賣了。

　　被他安葬的那兩人，因為沒有人來認領，卻每次顯靈托夢，讓他捕魚都滿載而歸，於是他就用水泥蓋一間小房子，將他們供奉在裡面，旁邊做兩位婢女侍奉他們，又請道士為他們超渡做法事。超渡時，道士用紙張做出假人，貼在竹子上面，再裝上兩顆他囤貨已久的「年輕」假頭，用毛筆畫出眼睛、鼻子、嘴巴，用來帶路、牽引他們投胎。

　　結果晚上，那兩人就托夢跟道士說，他們是「一老一少」

人頭裝錯了，於是隔天道士就換「老的」假頭裝上。由於不知他們的忌日是何時，所以就以發現他們之日為忌日，每年祭拜他們。據說不能隨便在其他地方為他們燒紙錢，一定要這個將軍人，開他的船到望安才可以燒紙錢。

講述：陳朝虹、三十六歲、高中、國台語
採錄：陳漢師、蘇淑娟、郭育銘、劉純如
時間：八十七年十一月十三日
地點：望安加油站

某神明顯靈記

當村民把神明迎回來時，不小心弄壞神明手拿的斧頭，村民們都沒發現。到了晚上，有一位村民夢見神明叫他務必再去廟裡看看，隔天天亮他趕快跑去廟裡看，結果發現神明的斧頭斷了，於是趕緊叫人把神明的斧頭修好。

村裡有位婦人要生孩子，肚子痛了很久，小孩就是生不出來，於是婦人的媽媽就到廟裡祈求神明保佑。回家途中碰到一位手拿斧頭的人告訴她，原來是她家某個屋角被瓦片蓋住了，只要把瓦片拿開就好了。那人說完轉身就走，媽媽回到家趕快照做，結果那婦人果然順利產下一名嬰兒。

*

村裡有對夫妻，感情不是很好，丈夫在外面找女人，回家還打老婆。有一天，老公又打老婆，老婆一傷心就要跑去自殺。途中碰到了一位手拿斧頭的人告訴她：「妳不用說，我知道妳很傷心，但自殺這條路絕對不可行，妳還是趕快回家吧！」那位太太為了感念神明即時點醒她，救了她一命，後來就積極參與建廟的工作。

講述：吳武義、六十八歲、廟公、日本教育、台語
採錄：林志賢、高慧珠、林嘉艾、朱敏蕙、黃淑卿
時間：八十七年十月三十一日
地點：講美保安宮

六、鬼怪傳說及其他

閻羅王遊陽間

有一天閻羅王忽然想到陽間走一走，他屬陰的，晚上才能到人間。閻羅王一間走過一間，從門口探頭看，都沒有人跟他打招呼。走到後來才有一個人說：「來坐喔。」閻羅王就進去坐，那人就泡茶給他喝。聊了一會後，閻羅王說：「我是閻羅王，今天來遊陽間，沒有一個人跟我打招呼，只有你叫

我進來，還泡茶請我。」那人說：「如果你是閻羅王，我就跟你結拜爲兄弟。」「好啊。」二人就結拜爲兄弟。「你可以遊陽間，那我可不可以下陰間玩？」「可以啊。不過我先交代你，肉體不能下去，你先睡覺我再把你的魂調下陰間，大約雞啼就要下去。」那人一到陰間，剛好有案件要閻羅王審判，閻羅王就叫他在外面等，不可以隨便亂走，等事情辦好再帶他四處走走玩玩。

　　閻羅王辦案時，剛好有八個女孩要去投胎當豬，八個女孩水噹噹的從他旁邊走過，他的靈魂就跟著她們一起走。閻羅王辦完案發覺老弟不見了，「糟糕！會不會跟那八個女孩子去投胎當豬？」趕緊查生死簿，看女孩到哪裡投胎，就到那家問：「你家母豬昨夜有沒有生豬仔？」「有啊！」「幾隻？」「九隻。」閻羅王心想：「應該八隻現在九隻，老弟果然在這裡。」「能不能帶我去看？」「好啊。」一到豬圈，小公豬便搖尾巴走到閻羅王面前，閻羅王馬上抓起豬尾巴往地上摔，把小豬摔死，然後賠主人一筆錢，召老弟靈魂回陰間。

　　「大哥我要回陽間。」「不行，時間已過，你的肉體已經毀壞，無法回陽間。」「那怎麼辦？」「我先讓你轉世，再想辦法讓你跟妻兒相見。」

　　閻羅王幫老弟找一戶有錢人家轉世，他沒喝忘魂水，過去的事都記得。轉世十二日後，家裡準備牲禮拜床母，有貓來偷吃，他就喊一句「有貓。」他父親就將他抓起來摔死，說：「沒生到親生兒子，反而生出一出世就會說話的妖孽。」老弟被摔死後回到陰間，閻羅王問他怎麼回事，他把事情說

了，閻羅王就再讓他到有錢人家投胎轉世，並囑咐他不可以再亂說話。

再次轉世後，他不敢再開口說話，家人以爲他是啞巴，但長大後，還是送他上學堂讀書。學堂有很多小朋友一起玩，他很高興忍不住跟同學講話，同學就跟他父母說：「你兒子會說話，不是啞吧。」從那時起，他就開始講話，把從前的事都說給父母親聽。

等他再大一點，閻羅王就準備很多金銀珠寶，讓他回家跟妻兒相認。可是兒子認不得他，還罵他：「猴崽子，你這個小孩居然說是我父親？」太太也認不出他，「這個小孩怎麼會是我丈夫？」於是他就從家裡的事開始說，說到跟閻羅王下陰間遊地府，然後投胎轉世的事。說到最後他們才相信他、認他，才收下金銀珠寶。從此他們一家就一輩子富貴榮華，過著幸福快樂的日子。

講述：洪成續、男、小學、台語。父子
採錄：洪金璋、陳長利、陳正男、呂慧瓊、林大德
時間：九十年五月
地點：紅羅村自宅

關聖帝君斬雞精

（一）

雞母塢（今五德）以前公雞都養不起來，爲什麼？因爲那裡有一隻公雞精。那時嫁到雞母塢的新娘都很可憐，因爲第一天晚上，新娘一定會被公雞精摧殘，新郎絕對碰不到新娘。他們村裏有個女生是信關老爺的，從小就有一幅關老爺的畫像。就在出嫁的前一晚，她跟關老爺拜拜說：「我從幾歲就拜你到現在，明天要出嫁當新娘了，大家都說新娘的第一天會怎樣怎樣，你要保佑我啊！」拜完，就把畫像捲起來帶在身邊，隔天就上了花轎。

進洞房後，新郎不敢進來，因爲新郎第一天進洞房一定完蛋。新娘獨自在洞房裏很害怕，就把關老爺的畫像打開，剛要拜，外面就發出巨大的聲音，狂風大雨閃電的，好像有一隻大手要伸進來捉新娘。這時關老爺的畫像就顯靈，一聲「孽畜！」大刀一砍，一聲慘叫，什麼都沒了。

因爲大家知道新婚第一夜一定會有事，所以都不敢出來看，直到天亮發覺新娘平安無事，才知道關老爺顯聖救了新娘。有人看到窗戶有破洞，地上有血跡，便沿著血跡找，最後找到一隻很大隻死掉的公雞，才知道原來是公雞精作祟，從此這裡的新娘，就可以安心出嫁了。

講述：張耀欽、三十九歲、大華航空、高中、同事
採錄：陳勁榛、鄭慈宏
時間：八十六年七月二十八日
地點：馬公市興仁里

（二）

當時在鬧雞精，有人結婚雞精就來作祟。一個女孩要結婚，他是信仰聖帝祖（關聖帝君），早晚都有上香拜拜。這日要出嫁了，晚上睡覺，聖帝祖來托夢，要她明天帶著他的香火過門，若有什麼事，只要呼請他的名號他會馬上到。那晚成親後，雞精就出現了，女孩就呼請聖帝祖，聖帝祖喊一聲「斬！」他的青龍寶刀就把雞精斬了。

講述：蔡福氣、六十三歲、城隍廟幹事
採錄：陳勁榛、鄭慈宏
時間：八十六年七月二十七日
地點：馬公城隍廟

菓葉的白蛇精

以前日本佔據澎湖時，有人在菓葉這裡發現了一條非常巨大的白蛇，那時日本人挖了一個防空洞，巨蛇就躲在洞裡。一開始都沒有人發現，後來大家發現蛇的爬行痕跡，才發現有巨蛇躲在洞裡面。據說，那條蛇重達幾千斤，曾經出沒在蕃薯田中，把蕃薯都壓死了。後來大家都說那條蛇已經變成蛇精，就躲在菓葉的後山中修行。

講述：陳明力、七十九歲、日本教育
採錄：王品樺、羅惠玲、王慧玲、謝政呈
時間：八十七年十一月十四日
地點：湖西鄉菓葉村

龍門白墓碑的傳說

　　龍門有一個鳳山，像是鳳凰展翅一樣。鳳山面海的那一邊，山下有一塊白墓碑，這塊白墓碑有個傳說：那時附近的漁民出海抓小管跟丁香，只要將船開到鳳山外海，對著觀音廟，以廟燈為基準下網，就會有好收穫。可是後來鳳山有一個地方會發出亮光，讓漁民誤判下網，結果每次漁網就會勾到珊瑚礁壞掉，沒有收穫。

　　大家覺得很奇怪，就在天亮的時候去鳳山看怎麼回事，結果只有一塊白色墓碑。再出海捕魚，結果還是一樣。大家想應該是白墓碑作祟，於是就殺了一條黑狗，用黑狗血淋在白墓碑上，從此白墓碑就不再發光，大家出海又有好收穫了。

講述：王賜得、七十歲、農、不識字、台語
採錄：楊秀芳、王秋賢、魏旭敏
時間：八十六年九月二十九日
地點：湖西鄉紅羅村

西嶼金珊瑚的傳說

（一）

澎湖附近有一個美麗的小島。有一天，龍王公主出來遊玩，看到這個小島很喜歡，便搬到這裡住。後來，在一個颱風天中，來了一個躲避風雨的少年，公主很熱情的招待他，結果彼此就喜歡上對方。

不久這件事情被海龍王知道了，非常生氣，因為他不容許心愛的女兒和凡人交往，所以就強迫兩人分離。但是公主不肯，因為她實在非常喜歡這個少年。龍王因此大怒，就把公主變成金珊瑚，讓她永遠住在海底，又把少年變成醜陋的鱷魚。但他們還是彼此愛著對方，所以鱷魚時常圍繞在金珊瑚的四周，而且只要有人要採珊瑚，鱷魚就會出來嚇走他們，以保護公主。

講述：俞娜惠、二十歲、學生、大專、國語。聽阿嬤說的
採錄：呂翎妃
時間：八十六年五月十日晚
地點：馬公市六合路

（二）

很久以前，海龍王的女兒到澎湖玩，看到這裡的環境很

好，就請父親在這裡蓋一個皇宮給她當別墅，海龍王很疼這個女兒就答應了，從此公主就在澎湖過著快樂的日子。

有一天，有一艘船漂流到這裡，被公主救起來，船上有一個英俊瀟灑的年輕人，公主跟年輕人很快就互相喜歡，住在一起。海龍王聽到這個消息很生氣，怎麼可以讓尊貴的公主和平凡的漁夫結婚，於是海龍王帶了很多蝦兵蝦將，來澎湖找女婿算帳。

抓到他們以後，海龍王把女兒變成一隻紅珊瑚鎖在海底，再把公主身邊的宮女，變成一大片珊瑚，把公主圍在裡面，又把年輕人變做一隻鱷魚，讓他在外圍保護公主。

最後龍王掀起滔天巨浪，把整個澎湖夷為平地，從此澎湖就是平平的，沒有高山也沒有很美的風景。澎湖一年有半年的時間都是波濤洶湧，就是海龍王帶蝦兵蝦將一路殺過來的波浪，這個處罰是一萬年。

後來澎湖人出海時，常會看到一隻七彩怪魚，在龍門、沙港、外垵常有這隻怪魚的蹤跡。很多人在釣魚的時候碰到這隻怪魚，結果就莫名奇妙的失蹤，只剩下船在海上漂浮，到現在都是如此。

大概在去年或前年，在虎井跟澎湖本島之間的海底，發現全世界最大的海底珊瑚森林，而發現的人也很快就出意外了，這就是海龍王的處罰。

講述：鄭應登、四十六歲、商、專科、國語
採錄：郭東佳、曾美麗、劉彥儀

時間：民國九十年六月十三日
地點：馬公中華路健康藥局

（三）

　　傳說外垵燈塔下面有一株金珊瑚。因爲燈塔附近有漩渦，船經過時都要繞遠一點，不敢從上面經過，所以有一些年輕的漁夫不相信。

　　老一輩的說，在六、七月陽光能直照到海底的正中午，可以挑漩渦較小、浪較平的時候，將船開到附近往海底看，就可以看到海底有一大片金光閃閃的珊瑚。按老一輩的說法，那株珊瑚是金的，是要有福分的人才能得到。有福分的人必需要十六歲當爸爸，三十二歲當祖父，四十八歲當曾祖父，必須是這樣的人，才有福分得到這株金珊瑚。

　　聽說以前英國人曾派蛙人揹氧氣筒下去，用鐵鍊拴住珊瑚，要用船要拖走，但是拖到鐵鍊都被扯斷了還是拖不動。後來日本人要來拿，也是拿不走。

　　另外，聽說有兩隻鱷魚在那裡看守珊瑚，如果有人侵入就會被咬死。所以金珊瑚一直到現在還在那裡，要等有福氣的人去拿，沒福氣的人是不能拿的。就像土地公看守金庫一樣，有福氣的才能拿。

講述：顏開發、六十歲、初中、台語、父女、聽岳父講述

採錄：顏慧嬋、朱淑勤、陳亞慧、吳錦惠、曾筱芸、馬金足
時間：八十九年十二月十五日
地點：馬公市西文里

西嶼肥魚灣的傳說

（一）

　　傳說從前在西嶼捕到的魚都又瘦又小，數量也很少，常常抓了好幾天只有一點點的魚。有一天，一個老漁夫划著小船去捕魚，經過一個無人島時，看到一個女孩子跟他求救，老漁夫便停下船載她，女孩很著急地要老漁夫趕快離開，因為有人在追她，老漁夫聽了便趕緊把船划走。

　　安全之後，女孩看到老漁夫的網都沒有魚，就問怎麼回事？老漁夫嘆氣的說，這幾天都捕不到魚，就算捕到了也是瘦瘦小小的。一會，老漁夫發現怎麼沒有聽到女孩的聲音，轉身一看，女孩全身居然都是濕的，老漁夫嚇一跳，忙問怎麼回事？女孩要老漁夫再下網捕一次魚，結果竟然抓到滿滿的魚，又肥又大。老漁夫很驚訝，連續下了幾次網，都是這種肥魚，心裡非常高興。後來老漁夫知道女孩無依無靠，便收這女孩為乾女兒，把她帶回家中照顧。

　　之後，老漁夫每天出海，都會帶女孩一起去，結果每次都是豐收。有一天，女孩突然很傷心的跟老漁夫說她要離開

了，原來她是龍王的三公主，到凡間玩時遇到土匪搶劫，幸好遇到老漁夫救了她，所以她才報恩當他的女兒幫他捕魚。三公主依依不捨拜別老漁夫後就離開了。三公主離開後，在那裡捕到的魚還是又肥又大，所以就把那裡叫做肥魚灣。

講述：顏開發、六十歲、初中、台語、父女、聽岳父講述
採錄：顏慧嬋、顏鈺金、葉淑屏、馬金足、吳錦惠、曾筱芸
時間：八十九年十二月十五日
地點：馬公市西文里

（二）

從前西嶼有一位老漁翁出海捕魚，他捕了很久都捕不到魚，後來天氣漸漸轉壞，他就打算回家休息。在回家的路上，遠遠的聽到有人呼救的聲音，他循著聲音找過去，在附近的小島上，有一個小姑娘全身發抖求救。他就把這位小姑娘接回家，找醫生幫她看病。

老漁翁對小姑娘很好，可是小姑娘知道老漁翁一直捕不到魚，快要坐吃山空了。所以幾天後身體好了，就不敢多留，要跟老漁翁道別。她說她其實是海龍王的女兒，因為一時貪玩偷跑出來，遇上天氣突變，才會漂流到小島上。她回去之後，一定會報達老漁翁的恩情。

龍王公主回去後，把事情告訴爸爸，請爸爸把一些較大

較肥的魚，趕到老漁翁住的附近海域，讓他有魚可捕，生活可以好一點，以報答老漁翁的救命恩情。海龍王答應了，從此西嶼就又叫漁翁島，附近港灣有很多魚可以捕，叫肥魚灣。

講述：某先生
採錄：劉淑玉、李美月、薛夢君、歐秋燕、翁雪琦
時間：八十八年六月

西嶼豬母精的傳說

（一）

有一個大概是大池角的女孩嫁去外垵，外垵因為靠海，所以都是靠抓魚為生，只要到海裡抓魚，衣服就會溼掉，所以從海裡回來後，就要換掉衣服。可是從前的經濟不是很好，沒有很多衣服可以換，所以只要遇到連續下雨天就糟了，因為換到最後就沒衣服可以換了。

沒衣服換怎麼辦？這個女孩的公公，乾脆就不穿衣服，可是這個女孩蠻害臊的，不習慣看到這種情況，就躲在房裡不敢出來，結果公公就很生氣的說：「你這個懶惰媳婦，該做飯、該做工作都不出來，整天躲在房裡，真是有夠懶惰，你一定會被妖精吃掉。」這話讓媳婦很難過，因此就跟先生說她要回娘家。走啊走，走到內垵一個叫「風坑」的地方，愈

想愈難過，就在那邊自殺了。

那時候沒有車，都是靠走路，從外垵走到她娘家，早上出發的話，大約要傍晚才能到家。後來雙方都覺得很奇怪，娘家的人聽說女兒要回來，怎麼一直沒有看到人？夫家的人也說，媳婦說要回娘家，怎麼這麼多天還沒有到家？因此大家就去找，找找找，找到最後才發現她已經死在樹叢裡面。

我們這邊有一個傳說，說是屍體只要沾到露水就會變成妖精，所以從屍體埋葬後，每天大概傍晚的時候，「風坑」那裡就會出現一隻很大很大的豬母。牠喜歡捉弄過路的行人，追著人家跑或是咬人家，所以大家都感覺很恐怖，晚上都不走那個地方。

有一個西嶼北部村落的土水師，他是一個很大膽的人，而且也學了一點法術，自覺法力高強，天不怕地不怕的。有一次他到外垵工作，一直到傍晚才回去，回去時經過風坑，那隻豬母精就出來追他。他雖然有法術，可是那豬母真得好大好大，什麼法術對牠都沒有用，所以他就被一直追，一直追到了鄰村赤馬，這隻豬母精才不追。因為一進入赤馬，就進入「樊桃宮」的範圍，那個樊桃宮的王爺蠻靈的，所以牠不敢隨便入侵，只能在內垵和赤馬之間作弄行人。

這個土水師忍不下這口氣，他說：「憑我的法力，竟然敢作弄我，明天你就不要讓我遇到，如果讓我遇到，非收拾你不可。」他知道這一次輸牠後，牠一定還會再來欺負他，所以第二天上工前，他就先在半路的地方，用建築用的墨斗畫了個八卦做預防工作。因為八卦可以鎮邪收妖，進去以後要

是不懂的話就跑不出來了，準備好以後，他又去上工了。

　　這天他就故意做到很晚，然後慢慢從外垵走回來，走到風坑時，那隻豬母精又出來追他。他就說：「好，今天就要讓你消失。」他就一邊抵抗一邊跑，慢慢引誘豬母精跑進八卦裡。他曉得怎樣走出來，就很順利逃出八卦。可是那個豬母精不曉得門路，在那邊東轉西轉、東跑西跑，怎麼跑也跑不出來，就這樣一直跑到天亮。天亮後太陽出來，豬母精一被陽光照到，就慘叫一聲，化成一陣煙消失，從此這個地方再也沒有豬母精了。

講述：陳宏利、高中老師。小時候聽人說的
採錄：彭妙卿、姜佩君
時間：八十六年七月二十八日
地點：馬公市三多路

（二）

　　從前交通不方便，往來都只能用走的，往往一段坐車只需十幾分鐘的路程，卻得走上好幾個小時，故事就發生在這個時代。有一位內垵的女孩子，嫁給一戶大池的人家做媳婦，有一天這個媳婦回內垵的娘家忘了時間，直到天黑才急忙趕回家去。在途中碰到一個村裡的人，這人見她這麼晚還沒回去，便開玩笑嚇她說：「這麼晚還沒回去，妳婆婆很生氣，她

說等妳回去要把妳打死。」說完就走了，留下媳婦一人。

媳婦聽了他的話，很擔心，越想越害怕，於是便跑到一旁的崖邊往下跳，投海自盡了。從此，只要有人晚上經過那裡，就便會跑出一頭母豬戲弄人。人們都說這頭母豬是那個媳婦變的，她死的很不甘心，所以化身爲母豬來戲弄人。

講述：薛祖舉、四十四歲、漁、國中、國語
採錄：薛曉琪
時間：八十七年十二月十二日
地點：西嶼鄉內垵村

橫礁虎精的傳說

橫礁對面有一座山，長得很像老虎的頭，傳說那座山原本是一隻老虎精。那裡的村莊，人們生活的非常辛苦，人口也一直有損失，愈來愈少。後來有人夢到土地公託夢，告訴他們要在那座山的前面，挖一個大洞，中午的時候，老虎精就會到洞那邊喝水，再利用牠喝水不注意的時候，把牠打死，這樣村子就會平安。

村民照著土地公的吩咐去做，老虎精果真在中午的時候，在山前的大洞喝水。人們便趁機把老虎精打死，從此村民便過著平安順利的日子，不再有人口損失的事情發生。後來，爲了表達對土地公感激，便在村裡蓋了一間土地公廟，

感謝土地公的恩情。

講述：楊秋李、女、四十八歲、台語、小學。
採錄：蘇靜琪（母女）、陳瑋琇
時間：民國九十年六月二十日
地點：馬公市三多路

船帆嶼的傳說

（一）

　　四角山現在叫船帆嶼，傳說山上埋有寶藏，但因年代久遠，寶藏修練成精，化成一隻白兔在附近出沒。因此若要尋找寶藏，便要先找到白兔的巢穴，如此方能得到寶藏。

　　後來有三位少女到四角山遊玩，無意間發現白兔，便追著白兔上了山。正想伸手捉時，白兔竟然在眼前消失無蹤，此時少女想起寶藏的傳說，便動手想要挖寶藏，誰知道才一動手，下山的路竟毫無由來的坍方了。三位少女雖然發現了寶藏，但卻無法下山回家，不久就餓死在山上。

　　直到現在，還常常有人在山上看到這三位少女，也有人在山下被莫名的丟石頭，可是四下張望，卻什麼人也沒有。大家都說這是寶藏和三位少女在作弄人家。

講述：葉國榮、廿歲、學生、高中、國語
採錄：洪敏翔
時間：八十六年六月三日
地點：馬公西衛

（二）

　　聽老一輩的說，從前有海盜來將軍搶劫，有三個女孩子跑到船帆嶼上頭躲起來，從此就沒有人看過她們，傳說他們是餓死在船帆嶼那裡。後來只要有人經過船帆嶼，就會看見女孩子拿著小石子丟人，不過石頭很小，打到也不會痛。

　　船帆嶼旁的小島叫四角山，從前有一個人到四角山釣魚，一上山就看見山上鋪著滿滿的龍銀。漁夫一上來，地上的龍銀就飛起來，漁夫就用釣竿打龍銀，想把龍銀打下來，結果有一個龍銀被打下來，正好砸在漁夫的腳板，剁出一個很大的傷口。後來漁夫就用這個龍銀去買藥治傷，一直龍銀花完傷口才癒合。

講述：俞鳥景、七十二歲、不識字、台語、護士與病患
採錄：林淑惠、顏娟娟
時間：八十九年九月十九日
地點：將軍嶼衛生室

石盤嶼的傳說

將軍有一座山叫石盤嶼，當地人叫它石帽嶼。從前有西番人侵，入侵的番人很可惡，他們把竹竿削成尖尖的長條，遇到人就把削尖的竹竿，從屁股向上刺，直直穿透人體而出。有一次他們入侵的時候，遇到本地三位未嫁的女孩，三位女孩因此負傷跑到石盤嶼，最後死在山上。

傳說那三個女孩子的陰魂不散，常常捉弄經過山下的人，她們會讓山上的石頭滾下來，落在路人的旁邊。她們的目的只是要嚇人，不會使人受傷。遇到這種事，有經驗的人就會合掌說：「好兄弟啊，我只是在這裡釣魚、撿螺貝，請你們不要捉弄我呀！」這樣的話就沒事。若是口德不好，罵三字經或不好的話，就會有報應，不是撿不到螺，就是釣竿會被石頭打成兩段。

有一次，有人把褲子放在岸上，下海拖網捕魚，上岸後找不到褲子，原來褲子被那三個小姐拿走了。沒褲子穿就回不了家，只好請人回家幫他拿褲子。隔天，這人又去同一地點捕魚，一去就發現昨天不見的褲子，好好的放在原處，原來是三位小姐捉弄他。

有一次，也是一個捕魚的褲子不見了，他當時很生氣，明明附近都沒有人，褲子怎麼會不見？就在四處找褲子的當下，忽然從山上掉下很多銀的石頭，他就很高興的把這些銀石頭裝滿一整個竹簍帶回家，忘了被捉弄的事。

回家後打開一看，竹簍裡只剩下一塊銀石頭。從此，他

的身體就一直不好，身體不好，就不能出去捕魚賺錢，只好
把那塊銀石頭拿去換錢用。沒多久，錢用完他也死了，可能
是那三個小姐把他牽去陰間去做丈夫了。

講述：徐玉雀、六十九歲、補網、小學、國台語
採錄：顏淑婷、曾湘雯
時間：八十八年十一月二十二日
地點：馬公市案山里

七美的小龍傳說

　　傳說在七美島附近的大海中，住著管理大海的海龍王。
海龍王有個小兒子，生性頑皮，常常把龍宮弄得亂七八糟。
海龍王常告誡他說：「你把家裡弄亂沒關係，可千萬別上天庭
胡鬧才好。」天不怕地不怕的小龍王，不知道天庭是什麼樣
的地方，很不以為然的想：「我才不管什麼天庭地庭的，有機
會我就飛上去瞧一瞧、鬧一鬧，一定非常有趣。」

　　沒多久，小龍王果然飛到天庭去胡鬧，結果被玉帝捉起
來，關在一座小島的洞穴中，這座島就是七美島。小龍王不
甘心被關，不停的找尋出口要逃出去，但是始終找不到出口。
最後壞脾氣的小龍王忍受不了，用腳亂踢，結果使七美島上
凸起無數的小山丘；他又在洞裡亂吼亂撞，使整個小島搖晃
不停，連土地都鬆了。鬆垮垮的泥土覆蓋在小龍王彎彎曲曲、

高低不平的軀體上，造成現在七美島上彎曲起伏的地形。

　　小龍王這種行為，使居民非常恐慌，不斷的向上天祈求。玉帝為了要免除島上居民的不安，加上老龍王再三請求保證，保證以後一定會好好管教小龍王，玉帝才答應放小龍王出來。於是玉帝便在現在的七美國小附近，變了一口井作為出口。居民們只見一條似龍模樣的濃煙自井中冒上天空，然後，所有天崩地裂的怪現象都消失了。大家圍著那座井嘖嘖稱奇，並認為飛往天上的煙，只是小龍王的靈氣，真正的軀體還埋在島中。好幾代之後，人們漸漸淡忘古井的由來，等到有人想起來再去看時，已經找不到古井的蹤跡了。

講述：呂啓戀、二十一歲、學生、專上。七美耆老所述
採錄：王書敏
時間：八十六年五月十八日晚
地點：馬公市六合路

水鬼做城隍

（一）

　　以前在青螺的北嶼山腳下住著一位漁夫。一天，漁夫出海捕魚，遇到一個水鬼，他起初心裡很害怕，但這位水鬼對他很友善，久而久之就成為好朋友。由於水鬼需要找人做替

死鬼才能投胎，故水鬼時常在找機會。但每當有機會或知道某村有人將要往生時，漁夫總會用很和緩的語氣告訴水鬼說：「你看，在這裡喝酒、釣魚、賞月不是很好嗎？何必急著去投胎呢？」水鬼也很聽漁夫的話，不去傷害別人，就這樣一年拖過一年。

時間過得很快，轉眼就過了十三年。這天，水鬼告訴漁夫說：「我要去林邊做官了。」漁夫很驚訝的問為什麼，才知道如果水鬼連續十三年不害人，就能成為城隍爺，於是他們就依依不捨的分手了。

有一天，漁夫要到台灣去看正在蓋房子的兒子，半途卻將盤纏用光了，這時無意間遇到那位已經當了城隍爺的水鬼，兩位很久不見的朋友就互問近況如何。城隍爺說：「雖然廟裡的香火蠻旺的，但是香油錢很少。」又問漁夫說：「你怎麼了？這麼落魄？」漁夫把事情一五一十的說出來。

城隍爺為了幫助好朋友，就將他僅有的一匹泥馬借給漁夫，讓他去賣錢做盤纏。隔天，泥馬的新主人要餵馬，卻發現新買的馬變成一匹泥馬。不久，經口耳相傳，村民都認為這是城隍爺顯靈，告知村民祂需要用錢，於是村民紛紛前往拜拜，添香油錢，結果城隍廟就這樣興旺起來了。

講述：王賜得、七十歲、農、不識字、台語
採錄：楊秀芳、王秋賢、魏旭敏
時間：八十六年九月二十九日
地點：湖西鄉紅羅村

故事類型：776 落水鬼仁念放替身

（二）

馬公消防隊旁邊有一座山，就是蓋忠烈祠的那座山，以前叫「打鐵石」，因為那裡的石頭都是一塊一塊疊起來的。紅毛城[十八]有一個人，每天都會去那裡下網捕魚，結果就和那裡的水鬼成了朋友。水鬼每天都會告訴這個人，要到哪裡下網才有魚，他捕到魚就拿去賣，然後買酒菜回來請這個水鬼，就這樣持續了三年。

有一天，水鬼告訴他說，他已經滿三年，可以找替死鬼來替他，若漁夫看到有人落海，請不要去救，漁夫答應了。到了那一天，漁夫看到一個人，一直往水深的地方走去，就大聲的喊住他，那個人就清醒過來，沒有再往前走去，於是水鬼就喪失了找替死鬼的機會。他責怪漁夫食言，告訴他泡在水裡真的很痛苦，但是之後還是跟以前一樣，水鬼會告訴他要到哪裡下網，他賣了魚就買酒菜回來請水鬼。

這樣又過了三年，水鬼又說他要找替身，請他不要救人，漁夫嘴裡說好，但還是叫住替死的人，害他找不成替死鬼。到了第九年，水鬼跟漁夫說，他待在水裡真的很痛苦，他不想再待在水裡，請他一定不要救人，但是漁夫還是忍不住叫住了替死鬼。因為水鬼連續三次，九年都沒有傷害生命，於

十八　今朝陽里。請參閱本書上冊頁一三九「馬公紅毛城的由來」。

是就被升做城隍。他告訴漁夫說，他要到台南府城做城隍了，有空請過去那裡找他。

水鬼做城隍後，漁夫不知道到那裡下網，常常捕不到魚，生活越來越不好，就開始賭博。賭到沒錢，就到台南找水鬼要錢，要到錢就又回來賭，就這樣一次又一次。

有一天城隍告訴漁夫說他沒有錢了，「城隍廟外有一匹土馬，你就牽去賣吧！但不要賣太多錢，半夜三、四點就可以過來牽馬。」漁夫覺得很奇怪，明明是土馬怎能牽去賣呢？隔天天沒亮就去牽馬，果然就有一匹白馬在那裡，漁夫就牽馬去賣。半路上遇到了一個有錢人，看到馬又肥又漂亮，價格也很便宜，就買下牠，牽回家後就綁在門口。不久天亮了，白馬竟然變爲一匹土馬，他一看，這不是城隍廟外的那匹土馬嗎？就趕緊請鑼鼓隊把牠送回去。

講述：黃丁舍、八十八歲、日本教育、台語。同事的外公
採錄：蔡惠燕、邱千桂
時間：八十九年十二月五日
地點：馬公市茱園里

故事類型：776A：漁夫義勇救替身

吃鬼的人

（一）

　　以前的澎湖人大部是捕魚維生，生活十分清苦，我的祖父也不例外。大約八十年前，我的祖父每天晚上都會到海邊撒網捉魚。有一天晚上他去抓魚，結果收獲不錯，網到一籮筐的魚，他就很高興背著魚簍回家了。但是回到家中把魚倒出來一看，真是不可思議，魚竟然都變成石頭了。

　　第二天早上，他往海邊的路上走去，發覺差不多每隔二十步就有一條魚在地上，他把魚撿起來看，竟然每一條魚都沒有眼睛，真是太奇怪了！但是他還是把那些魚撿回家去。

　　當天晚上他照樣去捕魚，卻看到海上有一團黑黑的東西，好像還有吵鬧的聲音。他就順手拿網子往黑處一撒，然後拉起網子一看，竟然是一塊木材。他就很生氣的將木材帶回家，用火把木材燒成灰燼，再和米酒一起吞到肚子裡。

　　隔天晚上，他依然到海邊捕魚，卻聽到有人喊著「吃鬼的人來了！吃鬼的人來了！」「快點跑！快點跑！」從此晚上捕魚就再也沒有奇怪的事發生了。

講述：陳順笑、八十八歲、不識字、台語
採錄：陳美慧、楊雅如、劉淑蘋、許雅婷
時間：八十七年十一月二十日
地點：馬公市峙裡

（二）

　　傳說有一個人去海邊捕魚時，捕到的每一尾魚居然都沒有眼睛，「活跳跳的魚怎會沒有眼睛？」他不甘心，隔天再去捕魚時，就故意把剛捕到的魚留在網中，看會出什麼事。沒多久，他發現網中的魚似乎愈來愈少，他就趕快把網收起來，結果發現網中有一塊骨頭，而且還會哭。

　　這個漁夫就說：「你不知道挖了我多少魚的眼睛？我要把你的骨頭拿回去吊起來曬。」吊了一晚，那個骨頭苦苦哀求他說：「求求你放了我吧！我以後再也不敢挖魚的眼睛吃了。」漁夫說：「好！」但是天一亮，他就把那塊骨頭輾成粉末當下酒菜吃。隔天漁夫再去捕魚時，就聽到聲音說：「趕快走！趕快走！吃鬼的人來了！」

講述：劉大
採錄：王祥霖、梁忠瑋、張詩紋
時間：八十八年六月十四日
地點：仁愛之家

吃鬼昭仔

　　昭仔有一個魚網，裡面有三十六天罡，七十二地煞，任何妖魔鬼怪看了就怕。以前人少，陰氣比較盛，晚上常會有不正常的東西出沒。昭仔常到某地去捕魚，那裡有一座橋（案：只是用石頭疊起來的「橋」）。

有一次昭仔要過橋時，忽然有一個女人跟他說：「我涉不過去，你背我過去。」昭仔也不回頭去看她，就說：「好啦！妳真要過去，趴著，我背妳過去。」就真的背她過去。那女人輕輕的沒什麼重量，因為是不正常的束西。

從此，那女人每天就在那邊，等昭仔背她過橋。昭仔人高膽大也不怕，每天都背她。後來想：「這哪可以！我每天忙的要命，哪有時間天天背她？」就把那張網準備好，暗想：「要是今天又讓我遇到，就讓妳好看！」

那天到了橋邊，那女人又來了，他一樣沒回頭看她，怕她變出什麼不好的東西來。背到半途，昭仔把網甩到背後罩住那女人，只聽見「哇！」的一聲，號哭的好大聲，幾乎讓人受不了。回到家一看，那女人竟然變成一個神主牌位。

昭仔就準備一鍋油，等油一滾，把網封在油鍋上面，再把牌位丟下去炸。炸一炸，神主牌位變成一個脆脆的東西，昭仔就把它拿起來吃，因為連她的魂都吃下去，所以人家就叫他「吃鬼昭仔」。

講述：蔡宗正、七十二歲，竹灣村村長。阿公說的
採錄：姜佩君、陳勁榛
時間：八十七年九月十一日
地點：西嶼鄉竹灣村

竹竿鬼傳說

（一）

　　以前的澎湖沒什麼電燈，一到晚上就很暗，有些地方很危險，大人就用竹竿把它圍起來，警告人家不可以靠近。可是小孩子都愛玩亂跑，老人家怕他們會有危險，就編竹竿鬼的故事來騙小孩子。故事會說那邊有竹竿鬼，如果晚上從那裡走過去，竹竿就會「啪！」的一聲倒下來，把人打死。

講述：藍長仕、六十六歲、公、初中、國台語混用
採錄：李曉玲、邱宛嬋、陳慧頻、徐書翎、蔡蕙玲
時間：民國九十年六月九日
地點：馬公中正路寶裕行

（二）

　　遇到竹竿鬼不用怕，偷偷找一根草，不要被他看到，把草一直捏、一直捏，捏到全部斷了，竹竿鬼就消失了。（案：大約是把草從底部，一小段、一小段的捏掉，等到草全部捏完就沒事了，但這個過程不能讓竹竿鬼看到。）

講述：陳宏利、五十一歲、高中教師。大家都這麼說
採錄：張百蓉、彭妙卿、羅賢淑、賴玲華

時間：八十七年七月二十六日
地點：馬公市菜園里

（三）

　　有個男人早上四點要到馬公做生意，半路遇到竹竿鬼，竹竿鬼很高，口裡唸著要這樣要那樣。那人就去路邊拔七枝草，拿著草唸「南無阿彌陀佛」，唸一句捏一節、唸一句捏一節。每捏掉一節，那個竹竿鬼就往外出去一點，一直捏一直出去，等到草捏完竹竿鬼也不見了。

講述：陳成清子、七十一歲、小學。小時候聽人講的
採錄：張百蓉、陳蕙如、姜佩君
時間：八十七年七月三十日
地點：馬公市烏崁里

鬼嫖妓

　　文康那裡有一條路通往舊市場，那條路現在拆了，日本時代那條路叫 S DE GI（日文），是讓男人玩女人的地方。附近有三塊石頭，下面有不好的東西，一到晚上就會變成很美很美的男人去找女人。被他找過的女人就會生病，隔日就不

能賺錢，大家都這樣，就覺得很奇怪，猜測這個男的可能是不好的東西。

於是就有人提議，準備一根針穿上細線，等他再來時，就把針插在他的衣背或衣袖上，看他是什麼東西。後來這美男子又來，衣服就被插上針，他不知道。天亮後，妓房的人就沿著細線走，最後發現線深入地下的土裡。妓房就找人用符埋進土裡，上面再放三塊石頭去壓他，他就不能出來了。

從此就有人會去祭拜那三個石頭。有時女人怕今天沒生意，就會買麻薯餅乾去拜，拜拜時就用手拍三下，拜完東西就放在那裏不會拿走，我小時候都會去撿來吃。

講述：陳成清子、七十一歲、小學。小時候聽人講的
採錄：張百蓉、陳薏如、姜佩君
時間：八十七年七月三十日
地點：馬公市烏崁里

尖山村怪談

從前生活較艱苦，有人撿豬糞做肥料，從尖山村出去撿豬糞。結果半路被鬼牽走，一直走到西溪村那裡的寺廟，聽到「鏘～鏘～」的聲音，才忽然醒來說：「我怎麼走到西溪來了？」才又走回尖山去。

＊

有一人去海裡照魚[十九]，回來時走在路上，沿路都是墳墓，他經過墳墓就被鬼牽去。一直走、一直走，一路上白茫茫，轉呀轉，就是找不到回家的路。一直走到天亮，才找到回家的路。

那時日本派兵來，坐船由尖山登陸，看到廟門前有一口井就汲水來喝，結果一喝大家都死了。有人說是尖山人在水裡下毒，害死日本阿兵哥。日本人來調查這件事，要村民同樣喝那口井的水，結果百姓喝都沒事，日本阿兵哥卻每喝必死。死的人都埋在尖山那座廟的後面，光復後還在那裡，有個埔（小土丘），現在不知道還在不在。

講述：陳宋秀麟、六十九歲、藥房老闆娘。幼時父親講述
採錄：陳勁榛、陳薏如、姜佩君
時間：八十六年七月二十六日
地點：馬公中華路正安藥房

大倉怪談

大倉島因為人煙稀少，所以有很多鬼魂、不乾淨的東西

十九　一種在夜晚利用亮光來吸引魚群的捕魚活動。

聚集，因此村民便供奉「金千歲」來趨吉避凶，還建造一座塔，專門收容孤魂野鬼讓他們居住。之前還有很多鬼時，村民常會發現，剛煮好要放涼的粥不翼而飛，如果出去找，就會發現那鍋粥好好的放在某個墳墓上頭。

講述：陳明前、七十二歲、日本教育、台語
採錄：朱爰聰、黃宜芬、盧虹羽、陳秀燕、蔡美霞
時間：八十七年五月二十四日
地點：馬公市重光里

駐軍遇鬼記

這大概發生在民國五十幾年，我唸大學的時候。那時澎湖有很多救國軍，他不是正式編制，但是國家養的。因為沒有地方，有時會在學校佔幾間教室，當時他們是住內垵國小，內垵國小前面是一片墳地。

有一天晚上，一個衛兵看到操場有一個黑影，就問什麼人。那人理都不理，繼續往前走。又喊一次「什麼人？」還是不理他往前走。再喊第三聲，他又不理，就開槍。

因為規定是只要喊三聲沒有回答就可以射擊，他一射擊「碰！」一聲，大家都醒來了，問什麼事？衛兵把事情說了。「你有沒有射到？」「我不曉得有沒有射到，但是不見了。」「不見就好，沒事了。」

　　那人下衛兵後就去睡覺，第二天醒來，臉腫得像是被打很多耳光似的。連長有經驗，他知道前面是墳地，可能是傷到好兄弟，人家來報仇了。連長馬上準備香案，上香祝禱說：「昨天的兄弟對不起你，我在這裡代他向你道歉，不過他是職責所在，你也不要見怪，為了表示誠意，我們演二場戲來道歉。」講完，香插下去，就看到衛兵的臉，慢慢的消下去了。後來晚上就在學校演了二場福州戲，演戲的時候，我恰好回去，所以知道這回事。

講述：陳宏利、五十一歲、高中教師。
採錄：張百蓉、彭妙卿、羅賢淑
時間：八十六年七月二十八日
地點：馬公市三多路

三世因果一世修

　　從前有個村子要建廟，大家都去捐錢，一個乞丐跟去看熱鬧，有人對他說：「你沒錢來這裡做什麼？」後來他撿到一個箱子，裡面有很多錢，他就把所有的錢捐出來建廟。廟裡的人看他如此發心，就讓他擔任主任委員。

　　有一天他要來廟裡監工，雙眼忽然瞎了看不見。沒多久，他雨天出門，不小心掉入大水溝被水沖走，屍骨無存。有人說上天沒眼，乞丐做好事沒好報。

後來廟建好了，神明就降駕指示說：乞丐的前世很不好，所以這輩子才會當乞丐，下兩世還要當瞎子、被水淹死。現在他出錢建廟積了陰德，所以讓他三世因果一世修，三輩子的苦，一世承受、一世結束，這樣下輩子他就有好命，可以享福報了。

講述：陳淵如、八十二歲、廟公、日本教育
採錄：蘇秋敏、許建文、嚴清煌、廖伯偉、羅美蓮
時間：八十七年十一月一日
地點：湖西鄉林投村

楊家三兄弟的故事

楊家早期是澎湖的旺族，也是西嶼最早接受基督教信仰的家庭之一，因為信仰的緣故，受到村民的排擠與欺侮，也留下這個令人遺憾的故事。

有一天，楊家三兄弟去捕魚，不幸遇上颱風翻船。那時，旁邊有一條大船，大船上有他們的朋友，朋友央求船主過去救人，但船上的人卻不屑的說：「吃教的，救他們幹什麼！」結果，大船上的五個人，就眼睜睜的看著三兄弟淹死在他們面前。後來大船平安回港了，但船上的五個人卻因良心不安，休船了好一陣子。

一陣子之後，有二個人再去捕魚，卻離奇的遇到海難死

了；另一個從此不敢出海，就叫他的兒子去捕魚，結果他的兒子也死於海難。最後二個，休了很長一段時間後，還是出海捕魚，同樣也死於海難。村民都說這是報應，那天他們眼睜睜看著楊家三兄弟死去，見死不救，結果自己一樣逃不過相同的命運。而唯一一個沒死的，是兒子替他死了。

所以這個故事告訴我們，我們應該盡自己的能力去幫助別人，不能見死不救，人的生命是極為寶貴的。也不要因為他人的宗教、性別……等原因而歧視他人。

講述：楊朝扱、七十六歲、不識字
採錄：曾郁芬、林千芳
時間：八十八年十一月二十九日
地點：馬公市文光路

紅羅村傳說

這是紅羅村的故事，大概有一兩百年了，是聽阿祖說的。有一個叫貓到（音）的人，他跟一個有夫之婦洪鳳暗地裡偷偷幽會被人發現，婦人的丈夫就邀叔姪宗親要抓他。

這個貓到的拳法很好，人們不敢近身抓他。以前古厝都是蓋紅瓦片，於是他們就從屋頂拆掉瓦片，將鉤子綁在竹竿上，這樣伸進去鉤貓到。用鉤子鉤得他滿身是血，最後將他們抓起來，一個載去錠鉤嶼，一個載去雞善嶼，綁石磨丟入

大海活活淹死。

　　雖然他們通姦，可是這樣把人活活淹死真的很不好，據說丟他們的時候，天空有出現一大片烏雲。可能是怨氣很重，那些有幫忙抓他們的，後代子孫都很不好，傳說一直到日本時代，他們還在報仇。

講述：洪成續、男、小學、台語。父子
採錄：洪金璋、陳長利、陳正男、呂慧瓊、林大德
時間：九十年五月
地點：紅羅村自宅

嶼裡做龍王醮

　　嶼裡的港灣很好，以前冬天牽罟，都可以牽很多長翅（鮪魚），一尾十幾斤，大家收入都不錯，生活過得很好。有一年快過年了，幾個大老商量說：這個大海讓我們牽很多東西，大家生活都很好，這都是海龍王賞賜的，我們應該「建醮」酬謝海龍王的恩德。於是大家就決議要做「龍王醮」，酬謝東海龍王。

　　做醮時要設龍王的神位，請龍王至殿內供奉，然後做醮酬謝，還要請戲班演戲。可是請到的戲班糊塗，幾個大老也不懂，戲班竟然上演「魏徵斬龍王」的戲碼。結果廟內在做醮酬謝龍王，廟外在演「魏徵斬龍王」。海龍王要是有靈，大

概會說：「真是的！這樣糟蹋我！」

　　自從那次做醮完，隔年就不再有長翅可牽。以科學角度來說，是漁業資源日益衰減的結果，但只隔一年卻差那麼多，卻也很難解釋。

講述：蘇進福、七十五歲、漁、小學
採錄：吳政妙、歐麗蘭
時間：八十六年十月廿三日
地點：馬公市光榮里

望安治「疔仔」的傳說

　　在望安白沙灣附近，葬著兩個從大陸來的「先生」（醫生），其中一個的醫術很厲害，不管什麼疑難雜症他都能醫好。特別是以前人說的「長疔」，他只要到山上抓一些藥草回來，磨碎後敷上就醫好了。另一個先生則是看外科的。

　　這兩個先生都寄住在這裡的某一戶人家，這戶人家希望這兩個先生能傳授醫術給他兒子，但其中一個不願意，結果便和主人產生磨擦。後來主人很生氣，心想：「你住在我這裡，不教我兒子，卻到外面教別人。既然如此，那我就讓你教不了別人。」所以便準備毒藥打算毒死這位先生，但是毒藥卻被另一位願意教的先生吃掉死了。這個先生知道後也跟著自殺，於是他們就被一起安葬在白沙灣那裡。

　　據說他們死後，小孩子如果長疔，只要去他們的墓前拜一拜，叫一叫他們，回去不久後，疔就痊癒了。

講述：陳朝虹、三十六歲、高中、國台語
採錄：陳漢師、蘇淑娟、郭育銘、劉純如
時間：八十七年十一月十三日
地點：望安加油站

不信鬼神的人

　　從前我的村子裡有一戶人家，兒子是信天主教的，從不相信鬼神之說，但是他媽媽卻很相信。只要村裡有人沖犯了鬼怪之類的事，媽媽都會去幫人求神化解，如果沖犯的人好了，她就會準備飯菜去拜好兄弟。但她兒子都不以為然，還會偷偷的拿石頭扔進要拜拜的飯菜，讓他媽媽很傷心又不知該怎麼辦。

　　有一天兒子在回家的途中，看到一盞青火由東邊往西飄去，兒子不信邪，就追著青火過去，直到一處墓穴，兒子就拿起一塊石頭往墓穴裡丟，想讓鬼魂無法超生。回去後，兒子告訴媽媽這件事，媽媽聽了很害怕，連忙跑到墓穴拜拜，說她兒子不懂事，冒犯了墓地主人，求他原諒。

　　後來，兒子跟鄰村的小姐結婚了。有一天這個媳婦回娘家，經過成功村海邊，海邊有王船停在那裡，媳婦就從船索

踏過去，觸怒了王船的兵將，回家後三天就死了。

　　阿婆傷心之餘去請示神明，神明說：「你兒子不信鬼神，又常與鬼神暗鬥，這是給他的教訓。」兒子知道後稍有悔意，但日子久了又恢復本性。媽媽看他原性不改，很氣憤，但也無可奈何。

　　有一次，兒子出海捕魚，突然有惡鬼抓住船緣一直搖晃，說他平常所作所為人神共憤，今天要讓他翻船死在海裡。兒子很害怕，趕忙跪下求饒，發誓從今以後一定改過自新。這次回來後，他就真的痛改前非重新做人。

講述：歐翁秋女士、約五六十歲、商、不識字、台語
採錄：翁慧敏
時間：八十七年十一月二十九日
地點：馬公市

風水傳說

澎湖出皇帝的傳說

（一）

以前常聽老一輩的在講，說澎湖本來會出一位皇帝，因為那時澎湖出現了一些奇異的地理現象：

首先是西嶼的外垵，出了個「白馬穴」，那裡有一整片白色的沙灘很漂亮，就像一匹奔馳的白馬；龍門，則有一個自然生成的「聖旨牌」，和皇帝用的聖旨很像；外海有個「香爐嶼」，上頭有三根石柱，遠遠望去，就像插著三支香的香爐；附近還有個「筆架山」，像是皇帝放筆的；西嶼吼門那裡，還有個「西北大道」，是一個非常淺的淺灘，一直向著大陸延伸過去，就像一條大馬路直通北京城。所以，當皇帝需要的東西：聖旨、筆架、香爐、白馬、大道，全都具備了。因此大家都說：澎湖會出皇帝。

這時蔡進士已在京城當官，聽到這個傳聞，便向東南方的海上望去，只見毫光萬丈，顯示東南方的確要出一位真命天子。蔡進士想：「澎湖地瘠人貧，不過出我一個進士，便乾

一 請參閱本書上冊頁二五七「內垵白馬崎與萬善宮的傳說」。

二 龍門外海有四個無人島，查某嶼形似筆架；查埔嶼形似籤筒；鼓架嶼形似鼓架；香爐嶼形似香爐，是風水師口中極佳的風水寶地，自古享有「龍門四寶」的稱號。至於聖旨牌，係一塊長得很像木牌的石頭，相傳有六座。至今香爐嶼曾是軍方射擊之地，已無昔日風采；而聖旨牌已遭破壞，不復可見。

旱了十三年。若再出一個皇帝，那還得了！」

　　為了避免澎湖的百姓受苦，蔡進士就去請教別人，看要如何是好。後來有人教他，每天一早，面向東南置一香案，祭拜天地後，用硃砂筆朝東南方寫一個「卍」字，一段時日後，自然會把風水破壞掉。蔡進士如法施行，澎湖的風水果然被破壞掉。所以這些地理現象，現在都看不到了。

講述：張耀欽、三十九歲、大華航空、高中、閩南語。同事
採錄：呂正泰、葉美麗
時間：八十六年六月二十三日
地點：馬公市興仁里

（二）

　　蔡進士在江西做知縣的時候，非常想念故鄉，每天早上都會去山上，向澎湖的方向望過去。有一天他看到說：「奇怪！澎湖哪有這種奇景！那個山很像香爐和筆架。」他就去問師爺這是怎麼回事。師爺就說：「哇！澎湖要出皇帝了。」

　　蔡進士想到自己不過中進士，澎湖便乾旱十三年不下雨，要是出皇帝豈不是要乾旱更久？百姓要怎麼活？要想個方法破解。師爺就說：「選一個好日子，用批公文的硃砂筆，對澎湖打╳，皇帝的命格自會破解。」

　　對澎湖打「╳」那段時間裡，剛好漁翁島有一對夫妻沒

生孩子，好不容易生了一個男孩，鼻子卻長的很難看，而且生來就會跑會走。孩子剛出生時，大陸有一個地理師很厲害，看到澎湖這邊的異象，知道澎湖要出皇帝了，就從大陸追過來，一直找到這對夫妻。但是已經太遲了，他的皇帝命格已經被蔡進士破了！而且因為這個孩子生來就會跑、會走，又生的很醜，青面獠牙像妖怪一樣，所以家人就將他活埋了。

　　這地理師找上門後就問：「你最近是不是有生小孩？在那裡？」他們說：「有啊！但已經死了。」地理師不相信，夫妻就帶他去看。挖開墳墓一看，孩子的確死了，但是臉變得很漂亮，完全是一副帝王的相貌。地理師看了就說：「啊！可惜！這是皇帝啊！」從此，澎湖就沒出過皇帝了。

講述：蔡樹木
採錄：賴盈秀
時間：八十六年一月二十三日
地點：馬公市興仁里

（三）

　　蔡進士在江西當官的時候，每天都會面向東方為澎湖祈福，有一天他發現澎湖龍門的上方有一股瑞氣，知道龍門這裡將要出現一位真命天子。蔡進士暗想：「這樣子不行！澎湖不過出我這個小小進士，便受苦受難十三年，如果出一

位真命天子，澎湖不就完了？」因為蔡進士的惻隱之心，不忍讓澎湖受這麼多的災難，就每天向上蒼祈禱，希望真命天子不要出世。由於蔡進士真誠的祈禱，據說真命天子雖然有出世，但不久後就夭折死了。

講述：蔡登仕、八十一歲、日本教育、台語
採錄：徐翊倫、陳育津、范碩純、羅純霜
時間：八十七年十一月一日
地點：馬公市興仁里

（四）

龍門村的外海有二個小島，一個叫筆架，一個叫簽筒。筆架是皇上放筆的地方；簽筒是放簽呈的地方，加上村名叫龍門，所以地方上便傳說，龍門將要出一個真命天子。後來這件事被一位天文官發現了，就去稟告皇帝。皇帝一面聽他報告，一面看著澎湖的地圖，然後就從筆架拿起筆，在地圖上筆架、簽筒的地方批下：「小小地方怎能出天子」九字。結果筆架及簽筒的山勢本來是比現在的高，被批了這九字以後，就向下沈了三尺。所以龍門村就出不成天子，後來倒是出了很多戲子，只有在演歌仔戲的時候，龍門人才能當皇帝。

講述：蘇進福、七十五歲、漁、小學、台語

採錄：吳政妙、歐麗蘭

時間：八十六年十月廿三日

地點：馬公市光榮里

（五）

　　傳說香爐嶼晚上從遠處看，會有三點紅光，好像三支香插在香爐上，這是出皇帝的徵兆。後來乾隆皇帝下江南，經過此地便說：「小小澎湖居然會出皇帝？」就因皇帝一句話，香爐嶼的這個景象就被破壞了。

講述：洪壬澤、六十八歲、不識字、台語

採錄：張志如、藍淑君

時間：八十七年十一月十五日

地點：湖西鄉龍門村

（六）

　　以前我爸爸說，澎湖這裡本來要浮一座連接台灣的山，因爲龍門那裡有籤筒、筆架、香爐，而且龍門正好是澎湖的中心點，所以龍門那裡本來是要出一個皇帝的，不過因爲這座山沒有浮出來，所以出不成皇帝。那座山要是浮起來，就

會把台灣澎湖連接起來，整個面積就會比大陸大，可惜這個
地理，被一個唐山來的地理師破壞了。

　　這個地理師很厲害，生來就是來敗澎湖地理的，他說：「這
個小小的澎湖，也配出皇帝聖旨。」所以就破壞了這裡的風
水。可是他沒有算到，澎湖將來會有這座山浮起來，這座山
若浮起來，把台澎兩地連接起來，就會形成一片很大的陸地，
澎湖就不再是小小的澎湖，這就是「沈東京、浮福建」。

　　因為台灣和澎湖都算是福建，中間會有山浮起來。東京
在東邊，會有山沈下去。現在中午水清的時候，在虎井那邊
可以看見一座城，就是沈下去的山。所以這就是地理啊！福
建浮起來，東京沈下去。三

講述：莊決、七十七歲、農、私塾、台語。
採錄：陳勁榛、鄭慈宏、陳蕙如
時間：八十六年七月二十六日下午
地點：馬公市東衛里

三　有關「沈東京、浮福建」的說法，澎湖所見都語焉不詳。所謂的
　　「東京」，指的是位於虎井一帶的一座海上大城，因為位於大陸的
　　東方，所以稱之為「東京」。這座海上大城，後來不知什麼原因下
　　沈，成為澎湖民間傳說中的「虎井沈城」。如果澎湖能「浮福建」
　　～浮出一個連接台灣（或大陸）的島嶼，澎湖就會出皇帝。可惜
　　這座島嶼始終沒浮上來。請參見：姜佩君〈試論民間傳說「沈東
　　京、浮福建」〉，《中國文化大學中文學報》第二十六期，頁一二三。

（七）

　　大概是清朝道光皇帝的時候，那時龍門港有千餘人，因為龍門出聖旨牌、監斬官、監斬台。那時北京是戰亂時期，而皇后有了太子，所以皇后就到澎湖這裡避禍，那時聖旨嘴就說：「要沈東京，浮福建」。

　　「沈東京」是說以前澎湖西南，一直到香港這一帶都是浮的（有陸地浮在水面），後來因為皇后懷著太子來避難，這裡的土地不夠厚，支持不住真命天子，所以就沈下去了。現在虎井那裡不是有城沈下去嗎？就是這個緣故。

　　後來戰亂結束，皇后回北京生下太子，還對皇帝說：「澎湖好所在，龍門出聖旨，自然生的。」皇帝怕澎湖將來會出能人侵擾江山，因此就派占卜官[四]來看，一看確實是真的，所以就用皇上的御筆簒龍門[五]，整個龍門村就被沙掩埋大半，死到剩七、八百人。不過天無絕人之路，後來王爺來踏宮[六]，出雙泉水，到現在有三、四千人。

講述：許程聰、六十二歲、道士、台語。阿公說的
採錄：陳勁榛、姜佩君
時間：八十六年七月二十六日

四　此處聽不清楚，取其意自訂。大約是一種地位很高，通曉天文、地理、占卜的官。

五　簒龍門：意思為龍門的風水就此被御筆點破、破壞。簒，是記其音，不知何意。

六　踏宮：神靈藉由乩童指定特定地點建立宮廟駐錫。

地點：馬公市正安藥房

（八）

澎湖本來能出皇帝的，但是地理上沒配合好，所以出不成皇帝。比如說：「頂台不出山」，頂台就是西嶼的牛心山，這句話是說牛心山的地勢太低，若它的高度能高出西嶼的稜線就很好。

又說：「白馬沒掛鞍」，馬應該掛上鞍，但這隻白馬沒有鞍，沒有鞍就不能騎，就出不成皇帝。從前西嶼內垵有一段海岸，整片被白沙覆蓋著，遠看就像一隻白馬在奔馳。後來白馬走了，沙也飛走了，後面的一整片沙蓋下來，就看不出白馬的樣子了。

還有一句話說：「紗帽看時戴」。往馬公那裡有一座山像紗帽，跟蒔裡的一個地形，要是能互相配合就很好，可以出能人，可惜配合不起來。所以說：「紗帽看時戴」，這個紗帽不知道什麼時候，可以戴得起來。像這種詩句很多，還有「竹篙橫礁雙頭掛」、「龍門出聖旨」、「貓挽門吼」……，總共有很多句，都是蔡進士說的。[七]

講述：蔡宗正、七十二歲，竹灣村村長。阿公說的

七 傳說蔡進士考中後面見皇上，皇上問及澎湖風物，蔡進士隨口將澎湖地名編成詩句唸出來的。請參閱本書上冊蔡進士的傳說。

採錄：姜佩君、陳勁榛
時間：八十七年九月十一日
地點：西嶼鄉竹灣村

（九）

　　傳說西嶼內垵牛心山的那顆牛心是活的，它剛開始的時候很小，可是會愈長愈大，等它長成西嶼的最高山，西嶼就會出一個能人。後來有一個唐山的地理師經過內垵，看到牛心山的山尖，像筆的筆尖一樣尖尖的，遠看就快要與西嶼的稜線一樣高了。

　　地理師想：如果讓這座山高出西嶼的稜線，就會出能人，那澎湖至少會有十年的苦難。地理師一方面為了減少澎湖人的苦難，一方面為了自己的私心，深怕西嶼出皇帝，打到大陸去就不好了。所以地理師趕緊做法破了牛心，從此山就不再長大，牛心也不會變大。現在從馬公往內垵看，牛心山的山頭，只比西嶼的稜線低一點。

講述：顏開發、六十歲、初中、台語、父女、聽岳父講述
採錄：顏慧嬋、顏鈺金、葉淑屏、馬金足、朱淑勤、曾筱芸
時間：八十九年十二月十五日
地點：馬公市西文里

（十）

　　西嶼的內垵及外垵一帶，有一大片金黃色的沙灘，從遠處望過來，像一匹奔馳的白馬，所以大家都認爲這裡是個好風水會出大人物。後來從大陸來了一個地理師，他看了內外垵的地形，發現這是一個白馬穴，便寫了一些符咒，用紅布包著埋進穴中，結果這個穴就被破壞了。事後大家傳說，這個地理師是皇帝派來的，因爲皇帝怕這裡以後會出一位威脅他帝位的人，所以就派人先把這個風水破壞掉。

講述：丁得祿、四十七歲、教師、大學、國語
採錄：施淑惠、余元鴻、田秀琴、黃靜儷
時間：八十六年五月
地點：澎湖專校

（十一）

　　五德以前叫做雞母塢，因爲那裡本來會出一個皇帝。這個小孩從出生後，他家的母雞就每天生一個金雞蛋，一直到他二十歲的某一天，仙人托夢，叫他在五更天的時候，射箭到北京的金鑾殿篡位。

　　他叫他的兄嫂五更時叫他起床，兄嫂怕誤了他的事，整

夜一直去看那隻雞，害那隻雞三更天就叫了，他就起來射箭
到北京。因為三更天太早了，皇帝還沒有上朝，箭射在龍椅
的椅背上。等皇帝上朝時發現，拔出箭一看，上面寫著澎湖
某某人，就派兵把這個人捉去殺了。因為這隻會生金雞蛋的
雞母窩在那裡，所以那個地名叫做雞母塢。[八]

講述：呂天註、六十八歲、農、小學、台語、一貫道道親
採錄：歐秋萍
時間：八十九年十二月十四日
地點：馬公市東衛里講述者家中

故事類型：592B 神箭早發

七美的風水傳說

　　七美島的地形很像一隻老鷹，風水非常好，傳說這裡會
出一位安邦定國的大人物。皇帝聽到這個傳聞後，怕此人未
來會謀奪江山，所以便派了一個地理師來七美破壞風水。地
理師來了之後，便四處尋找風水，最後他發現七美的靈氣都
集中在頂隙，於是就用御賜的硃砂筆把頂隙的風水破壞了。
　　因此傳說的大人物不僅沒有出現，而且七美的地理也完
全被改變了。本來在「白馬」這地方有一條小溝，泉水是終

八　「澎湖出皇帝」的傳說，有一類是以「神箭早發」的故事類型呈
　　現，本書僅收到這則，其餘請參見金榮華：《澎湖縣民間故事》。

年不竭的，因為那裡是老鷹的喉嚨，所以有很多的水；「月世界」是老鷹的翅膀，風景很好。可是自從風水被破壞掉後，「白馬」的水便乾了，「月世界」的土石也流失了，變成了現在的光禿禿一片，所以才改名叫月世界。

講述：許金雄、五十歲、漁、閩南語、聽老一輩的人說的
採述：陳正國、賴和聖
時間：八十六年十月二十五日
地點：七美

西溪七鶴穴的傳說

　　以前西溪村有一個員外很有錢，他找地理師幫他父母看風水，但地理師知道，如果幫員外看到好風水，自己一定會失明，於是跟員外講：「我可以幫你找好風水，但你一定要善待我。」員外一口答應。後來風水師就在太武山下，找到一塊「七鶴穴」的好風水，員外就把他父母葬在那裡。後來員外家果然飛躍騰達，但地理師的眼睛卻瞎掉了，所以員外就把地理師帶到家裡照顧，很善待他。

　　有一天，員外家裡的一隻羊摔到糞坑裡淹死了，因為古時候只有大祭典才有殺豬宰羊，平時是不隨便殺羊的，所以員外就把這隻羊殺了請大家吃，也送了一碗羊肉給地理師。這本來是好意，但送肉的長工說：「這羊是摔到糞坑裡的，反

正也快死了，殺了吃，別客氣。」地理師聽了很不高興，「怎麼用摔到糞坑的羊給我吃！」

為了報復，第二天地理師就去找員外，告訴他說：「我幫你看的那塊地，起了變化，要趕快把墓遷移。」員外說：「怎麼會起變化呢？」地理師要員外趴在墳上，聽墓穴的聲音就知道了。隔天員外就去趴在墳上聽，一聽「啊！裡面真的有奇怪的聲音。」其實這些聲音是因為這個墳是好風水，裡面有七隻白鶴在裡面洗澡，所以發出淅哩嘩啦的聲音。

但員外以為風水真的起了變化，所以馬上找人把這個墓打開，結果七隻白鶴就從墓裡飛出來。員外一看被騙了，急急忙忙去抓白鶴，這一抓，其中一隻白鶴的腳就被他弄斷了。而地理師趁著一片混亂的時候，用白鶴洗澡的水擦眼睛，眼睛馬上就復明了，然後就趕快逃跑。從此員外家的後代都有一個人是跛腳。

講述：某司機先生、工作聊天時聽人說的
採錄：曾雅卿
時間：八十六年一月十六日
地點：鄰居家裡

竹灣七鶴穴的傳說

相傳竹灣村有戶人家，把女兒嫁到合界村的有錢人家，

後來女兒生病往生，夫家就把她葬在合界村。但是葬下去之後，夫家的人開始生病，所以就從大陸請來一位地理師看風水。這位地理師一看到墓就說：「這個墓有問題，如果不把墳墓遷走，家裡會一直出事。」夫家聽了地理師的話，就決定把墳墓遷走。在遷墓的過程中，突然從墓中飛出七隻白鶴，夫家見狀，馬上蓋上棺木，可惜已經飛走了六隻，只留下一隻而且還被壓到腳。

　　其實，是不應該把墓遷走的，因為那個地方是七鶴穴，那七隻白鶴是表示將來夫家會出七位大官。[九]可是地理師看到這個風水特別好，起了歹念破壞，所以後來他們只出一位大官，而且還是跛腳。地理師因為做了虧心事，所以搭船回大陸時，就遇到狂風暴雨把船打沉，死於非命。

講述：蔡宗正、七十三歲、村長、台語
採錄：陳振義、陳家駿、陳聖杰、張炳耀
時間：八十七年十二月十日
地點：西嶼鄉竹灣村

九　講述者在不同時間，講述這個故事時，有解釋：「白鶴穴」的風水在走時，葬在裡面的人會換骨頭，因為平民百姓要做官就要「換骨」。換骨時家裡會生病、不順利，這是因為風水在變化的緣故。如果不去破壞，等骨頭換好，家運就會漸漸變好。參見金榮華：《澎湖縣民間故事》，頁一三三。

西嶼七狀元穴的傳說

很久以前,有一個很老的風水師,幫西嶼一個叫楊萬的人,看了一處很好的風水,叫做「七狀元穴」。楊萬才把祖先葬在這裡,墓地立刻有了明顯的變化:晚上墓地會變得很明亮,並且有熱鬧吵雜的聲音。原來那個穴下葬後,楊萬的村莊會出七個狀元。

沒多久,唐山來了一個風水師,看到這個好風水,便想尋找墓地的主人。可是他卻問錯了村莊,問到了一個叫陳萬的人。這個陳萬是個心腸惡毒的人,在聽到七狀元穴的事情後,就想破壞它。陳萬給這個風水師一大筆錢,要他破壞七狀元穴。於是,那位風水師去找楊萬,騙他說:「你祖先葬的穴是魔鬼穴,你如果不相信,晚上到墓地去,一定會聽到鏗鏗鏘鏘的吵鬧聲。」

另外,自從楊萬的祖先下葬後,一到晚上,附近人家的碗筷盤子都會不見,到了白天,卻出現在楊萬祖先的墓前。楊萬聽了風水師的話,心中害怕起來,等到晚上便到墓地去一探究竟,果真如風水師所言,聽到熱鬧吵雜的聲音。這下子楊萬更害怕了,便叫人重新撿骨。打開棺木時,看見棺中有七尾小金龍,一尾已經開眼了,其他六尾還沒開眼。

這時,楊家的子孫,已經有人去赴考,考中了進士。這時他才知道,原來這個穴真的是七狀元穴,卻因為這樣被破壞了。楊萬心中非常難過,算起來這也是村裡的大事,所以村裡就關起了廟門,大家都非常傷心難過。

　　而高中進士的子弟，衣錦還鄉時，注意到村裡的廟門關起來了，一定是發生了什麼不好的事情。一問之下，才知道七狀元穴被人破壞的事，聽到這樣的事他非常傷心，不久就生病，來不及考上狀元就死了。不過這個壞心的風水師也沒有好下場，他在回唐山的路上，遇上了颱風翻船，葬身海底。

講述：楊秋李、女、四十八歲、台語、小學
採錄：陳瑋琇、蘇靜琪（母女）
時間：民國九十年六月二十日
地點：馬公市三多路

馬公五德塭仔的傳說

（一）

　　馬公的五德里，舊名雞母塢，是一個背山面海的小村莊。附近有一座雞母塢山，山的北面有一個半月狀的海岸，距海岸不遠處有個小島，那裡的人叫它「塭仔」。

　　「塭仔」四周都是岩石，中央有一片很厚的泥沙，上面長滿雜草樹木。「塭仔」不大，遇到滿潮，只能看到一點礁石露出海面。照理說「塭仔」常被海水淹，應該寸草不生，可是它的中央卻始終一片青翠，常有白鶴飛翔。所以住在這裡的居民，都認爲島的中央是一個吉穴，守護整個雞母塢的居

民，使他們安居樂業。

　　但好景不常，後來有人發現了「塭仔」這個吉穴，就將祖先的骨骸偷偷葬在這裡。自從這個穴被偷葬之後，雞母塢就雞不啼、狗不吠。村民很憤怒，便糾眾到這個人家裡，要他將墳墓遷出去，從此這裡才恢後正常。不過，這個穴已經被破壞，成了死穴，雖然雞母塢的居民生活無風無波，但卻也沒有什麼發達的人或事了。

講述：歐陽願、七十八歲、識字、台語
採錄：陳在漢、洪進榮、劉春女、王素靜、葉映君
時間：八十七年十一月
地點：馬公五德歐陽祠堂

（二）

　　現在馬公的五德里以前叫雞母塢，這是因為這裡有一座山，三面高中間低，形狀像母雞要下蛋的窩，所以這座山就叫「雞母塢山」，附近這一帶就叫雞母塢。後來因為有雞五德，所以就改名為五德。不過「雞母塢」是母雞；五德是公雞，地名跟地理不能相配，所以五德就沒出什麼能人。我從前聽老一輩的說：

　　雞母塢的海邊有一個很小的島叫「南塭仔」，傳說那裡有一個白鶴穴，所以那裡常有白鶴飛翔。後來一位地理師無意

中發現這個穴，便半夜偷偷將祖先的骨骸葬在這裡。自從白鶴穴被偷葬後，村子就雞不鳴、狗不吠，整個村子人心惶惶的。最後神明指示，南塭仔的穴已被偷葬，必須趕快要將骨骸挖出來，才能保護村子的平安。

村民遵照指示，把墓挖起來，據說挖的時候，從墓中飛出七隻白鶴。從此，雞母塢恢復安寧，因為可是守護他們的穴已經被破壞，變成一個死穴，所以這裡就沒有出什麼較發達或較有錢的人。

講述：吳福通、七十八歲、小學、台語
採錄：金一德、陳明朗、高文琨
時間：八十七年十月三十日
地點：馬公市鐵線里

東衛的風水傳說

東衛有座雙孔山，山上有個靈穴。後來有一位唐山來的人，偷偷的將祖先的「金斗」（骨灰罐）葬在靈穴中。不久，東衛便雞不啼、狗不吠，更嚴重的是，廟中的神明進壇開不了口。後來神明用寫字的方法告知居民，山上的那個靈穴叫「好屁股」，葬在這裡的人，後代子孫會出十三個大官，但是東衛卻會因此變的很不好。

所以東衛便派人把金斗挖出來，這樣東衛才恢復正常。

而挖出來的金斗，就放在雙孔山，有一些人去拜他，非常靈驗，所以大家就叫他「雙孔公」，蓋了一座廟來供奉他。

講述：莊決、七十六歲、識字、台語。祖先流傳下來的
採錄：莊凱證、林佳霖
時間：八十六年五月三十一日
地點：馬公市東衛里

東、西衛風水傳說

　　從前東衛有一座塔，叫「火燒爛」；西衛南邊港口也有一座塔，叫「浸水基」。當時，東衛這邊生孩子都是生男孩子；而西衛卻都是生女孩子，而且長大後，全被東衛人娶走。所以後來西衛的神明便指示村民，要趕快移動塔的位置，否則西衛以後會「廢耕」。因為沒有男人可以下田，女人又全部被娶走。於是西衛人便在北邊的「鼻仔頭」蓋了另一座塔，來破壞東衛那座塔的威力。從此二個地方才又恢復了有男也有女的現況。

講述：莊決、七十六歲、識字、台語、祖孫。祖先流傳的
採錄：莊凱證、林佳霖
時間：八十六年五月三十一日
地點：馬公市東衛里

觀音亭的傳說

澎湖以前一直不下雨的原因，據說是觀音亭這裡建了亭子的緣故。後來一位大陸來的地理師，告訴我們說，就地理上來看，這裡是一個龍喉，在龍喉的地方蓋亭子，就會把龍喉鎖住，當然不會下雨。聽說前幾年，已經把這個亭打掉了，所以現在澎湖就比較會下雨了。

講述：張福來、裝潢業、五十六歲。幼時聽長輩說的
採錄：謝興維、陳世原、楊東銘、盧家偉、趙祐聖
時間：民國九十年六月十日
地點：白沙鄉瓦硐村

雞籠嶼的風水傳說

馬公港的外面有一座小島叫雞籠嶼，雞籠嶼的風水很好。傳說清朝的時候，有一位風水師將他祖先的骨灰葬於此，結果後代子孫代代出狀元。發達後，子孫認為每次掃墓都要從大陸坐船回來，實在很不方便，所以便將祖先遷葬回大陸。

這時，風櫃一個捕魚的人，聽說了這件事，連夜將祖先的骨灰葬到他們留下來的墓穴中。可是他的後代不是代代出狀元，卻是代代出臭頭。原來這個穴雖然是好穴，但下葬的

時候還是要配合方位、時辰，也就是一般人說的，要天時地利的配合，才能發揮作用。這位漁夫因為是晚上偷葬的，忽略了這些，所以只能代代出臭頭。

講述：丁得祿、四十七歲、教師、大學、國語
採錄：施怡雯、戴伶安、詹怡芬
時間：八十六年六月七日
地點：澎湖專校

洪狗明的傳說

　　從前中屯有一個「美女梳妝穴」，時常有人在天亮前，看到一個女人在那裡梳妝打扮，等天亮太陽出來之後就不見了。[十]後來有一個講美人叫洪狗明，這個人夏天喜歡在屋頂上乘涼睡覺，他每次在屋頂睡覺，睡到凌晨一兩點時，總會看到南邊一片亮光。

　　有一天，從大陸來了一位風水師，洪狗明便去請教他，看到的亮光是怎麼回事？風水師告訴他，那是一個好風水，是你有福氣才能看到。於是洪狗明拜託風水師，幫他找這個風水。因此風水師就和洪狗明在屋頂睡了三天，洪狗明看到

十　小嶼俗稱中屯嶼仔，位於中屯村西南方，距海岸約六百公尺，退潮時可涉水而至。臨海懸崖峭壁上，有一形似八仙桌的石頭，相傳曾有美女端坐桌上臨海梳妝，殆即本故事說的「美女梳妝穴」。

亮光，就把風水師叫起來看，就這樣看了三天，風水師開始幫洪狗明找這個風水。

找找找，最後找到中屯的海邊附近，在那裡找到一塊四四方方像梳妝台的石頭，這就是洪狗明看到那個風水的穴位所在。不過風水師看了附近的地勢，告訴洪狗明說，這個穴雖然很好，但因為得了人家的地理，要是葬下去會損人利己。但洪狗明不以為意，堅持要得到這個穴。

風水師說這是「美女梳妝穴」，是女人穴，所以只能葬他的媽媽或祖母，而且必須是白骨下葬，不能肉身下葬。洪狗明說，他媽媽葬在某某地方，把她挖起來葬在這裡剛剛好，所以洪狗明就把他媽媽的骨頭挖出來，改葬在這裡。

要下葬時，風水師問他：「要早一點發財或晚一點發財？早一點三個月，晚一點三年，再晚一點六年。」洪狗明說，要早一點發財，太晚他就享受不到了。然後風水師就把洪狗明媽媽的骨頭放到穴裡去，說也奇怪，骨頭一放進去，地就陷下去，骨頭就自動埋進很深的土裡。就這樣，洪狗明就得到這個風水。

洪狗明家裡是養豬的，自從得到這個穴，中屯每天日落之後，就會人車吵雜，還有邪靈入侵民宅，把家中的食物飲水，拿給洪狗明的豬吃，害大家都沒東西吃。

所以後來，天一黑，人們便趕快把門鎖起來，藉由門神的守護，讓邪靈無法進入。而洪狗明的豬，卻因為這樣，長得又快又好，賣了很多錢、賺了很多錢。

等到洪狗明要敗了，一個賣雜貨的婦人，到中屯賣雜貨，

因為漲潮沒辦法回家（那時還沒有橋，要等退潮才能走回去），所以就想在附近找個人家借住一下。她往西邊一看，看到一間大瓦厝（指有錢人家的大房子），裡面張燈結綵，婢女奴才很多，她就去借住一晚。結果隔天早上醒來，卻發現她睡在墳墓上，那墳墓正是洪狗明媽媽的墓，還在墓碑前，發現一隻三寸金鞋。

她就拿著金鞋到村裡問：「這是誰的鞋子？」村人看了便說：「這不是神明穿的鞋子嗎？怎麼會跑到那裡去？」檢查的結果，果然發現廟中神明的鞋子少了一隻，要是另一隻也被拿走，這間廟就會被洪狗明的媽媽篡殿。

事態嚴重，大家趕快請法師起壇、神明降駕。只見神明（乩童）大顯神威，拿劍往墓一砍，墓中馬上噴出一道白煙，然後打開墳墓，取出裡面的白骨。但裡頭只剩一隻骨頭，其餘的都陷在穴裡找不到了。沒辦法，只能拿這根骨頭去下油鍋。骨頭一下油鍋，整個白煙往上衝，炸完後，就把骨頭丟進海裡。

沒想到骨頭沈到海裡碰到地面，竟然又得到那個穴的力量，再次到廟裡騷亂。但他這次的法力，已經沒有上次那麼強。所以廟裡又請乩童到海裡找那隻骨頭，再下一次油鍋，然後把它打碎磨成灰，分給全村的人吃，這樣這個穴才真正破功，洪狗明也就敗了。

那個四角石頭，我從前看，已經有一角陷下去歪一邊了，就是因為這個穴被破了，現在還在不在就不知道了。

講述：薛惟萬、六十七歲、小學、台語
採錄：柯瓊滿、楊善妃、李婉瑜、簡文傑
時間：民國九十年六月十七日
地點：白沙鄉赤崁村

圓貝風水傳說

　　圓貝為澎湖的離島之一，整個島形為圓形，都是柱狀玄武岩，島上有兩個很大、很奇特的岩石。其中一塊是扁平狀，看起來就像硯台，另一塊在硯台旁邊，是柱狀的，看起來就像隻筆。整體看起來，就像是桌上放著硯台和筆。

　　傳說清朝時，有艘船在澎湖附近發生船難，其中一位老人過世了，就葬在圓貝這張文桌的附近。後來這位老人的子孫，不是中狀元就是進士，連續好幾代，子孫個個事業有成，所以子孫就打算把葬在圓貝的祖先遷回家鄉。

　　但墓一遷回大陸，整個家族就家道中落，不再出大官或文人。所以大家都傳說，那老人葬的位置，正好像一個人坐在桌子旁邊，桌子上有筆、有硯台，就像官老爺坐的位置，是個可以庇蔭子孫的好地理。

講述：方英福、四十八歲、教、專科、國台語
採錄：方玉真、林芝玫、林鳳琳、葉勇成
時間：八十八年十二月三日

地點：馬公市東文里

大倉鴨母山傳說

　　大倉那裡有一座「鴨母山」，不論從哪個角度看過去，都像是一隻鴨母。山上有個鴨母穴，是個很好的風水，鴨母會生鴨蛋，所以鴨母穴會生出很多鵝卵石。如果把鵝卵石打破，裡面有一些金粉，以前的大倉人把那些金粉，拿來當眼藥用。可惜現在鴨母穴已經被破壞，成為一座死穴，再也生不出鵝卵石了。

講述：陳明前、七十二歲、日本教育、台語
採錄：朱爰聰、黃宜芬、盧虹羽、陳秀燕、蔡美霞
時間：八十七年五月二十四日
地點：馬公市重光里

海中穴

　　從前有個孝子，帶著父親的骨灰由台灣乘船回故鄉，同行的，還有一位特地聘來的地理師。船坐到一半的時後，地理師忽然對孝子說：「海中有一個好穴，你趕快把把父親的骨灰丟下去。」孝子說：「我不忍心把父親的骨灰丟入海中。」

地理師說：「這的確是個好穴，我證明給你看。」便要孝子拿一個碗丟進海裡。

不久他們的船靠了岸，地理師便帶孝子到某個地方，到了那裡一看，在海上丟的碗竟然跑到這裡來了。這時地理師才告訴孝子：「這是海上的穴跑到陸上來了，所以你不要怕你父親的屍骨會泡在海裡。」所以孝子便按地理師的吩咐，把父親下葬，從此子子孫孫都過得很好。

講述：林再亨、六十九歲、漁業、閩南語
採錄：林俊傑、呂偉隆、洪哲斌
地點：湖西鄉龍門村
時間：八十六年十月十二日

八仙桌傳說

忘了是哪裡，總之就是在一個海邊，有一個很好的風水。那裡有一個又大又圓的石頭，周圍還有形狀類似但體型較小的八個石頭，就像「八仙桌」一樣。後來有一個講美人，從大陸請地理師來看，說那裏的風水很好，他就趁著晚上，偷偷把父母的骨頭葬在那裡。

過了二個月，這個村子開始雞不啼，狗不吠，晚上水缸的水放得滿滿的，第二天全沒有了。村民覺得很害怕，趕快去請示神明，神明說是村子被人家偷埋骨頭，現在已經變成

小龍了。小龍還沒長眼睛，要趕去把牠挖出來，要是長了眼睛就來不及，治不了他了。

於是神明就和村民去「八仙桌」那裡把墳墓挖出來。打開棺材，裡頭已經沒有骨頭了，只有十條像小蛇的東西，眼睛紅紅的還沒有長好。後來就用火把小蛇燒掉，村子才平安。現在這些石頭已經倒掉看不到了。

講述：陳明前、七十二歲、日本教育、台語
採錄：朱爱聰、黃宜芬、盧虹羽、陳秀燕、蔡美霞
時間：八十七年五月二十四日
地點：馬公市重光里

福地福人居

從前有一個書生進城參加考試，他準備了很多糧食挑在肩上，打算找一個地方休息，但是一直沒有找到合適的地方。那天天氣不錯，他又很累了，剛好看到一個空的墓穴，那是有人葬下去不好又挖起來的，他就乾脆睡到這個墓穴中。

後來他考中進士，回程時又經過這個墓穴，就對別人說，這個地方風水好。有人說：「若是風水好，怎麼會有人葬下去又挖起來？」書生說：「可能是那人沒福氣吧！」

後來一個大善人葬在這個地方，果真很好，這就是福地福人居。以前那個人沒福氣，所以沒有辦法得到好風水。

講述：許進豐，五十三歲。小時候聽父親講的
採錄：陳美秀、王國財
時間：民國八十九年十一月二日。
地點：七美

鄭成功德蔭台灣

　　鄭成功死後本來葬在台灣，後來他的家屬撿骨回去，可是漏了一節小指頭的骨頭沒撿回去。從此台灣只要隨便把地犁一犁，就可以種蕃薯，有蕃薯吃，百姓便不會挨餓。這就是鄭成功德蔭台灣，死後連一小塊屍骨都庇佑台灣：只要將田犁一犁，晚上土地沾了水變潮濕，然後種蕃薯就會活。

講述：莊決、七十六歲、識字、台語、祖孫。祖先流傳的
採錄：莊凱證、林佳霖
時間：八十六年五月三十一日
地點：馬公市東衛里

其他傳說・故事

一、其他傳說

「順」字的由來

從前這個「順」字，左邊的「川」只有二劃（刂）不是三劃。後來順治皇帝要軍師算算清朝的國運有沒有三百年，可是這個軍師怎麼算，都只有二百多年不到三百年。

後來軍師去跟皇上報告，皇上正好在寫字，一聽就生氣的說：「我要你算三百年，怎麼沒有？」隨手拿起毛筆朝著軍師丟過去。正好牆上掛一幅對聯，上面有個「順」字，毛筆丟過去剛好丟中順字，替順字加了彎彎的一劃，軍師一看馬上說：「皇上！有了！有了！不要生氣，你自己添了一百了。」所以現在順字才多了這彎彎的一劃。

講述：鐘石棟、六十八歲、曾任村長、黃德宮主任委員
時間：八十七年九月十三日
地點：七美國中
採錄：姜佩君

「牌位」及「擲筊」的由來

古代有一個叫丁蘭的人，他三歲時父親便死了，由母親扶養他長大。丁蘭長大後，與母親一起到山上種田，後來母親年老無法工作，便每天幫丁蘭送飯到田裡。

　　但丁蘭不是一個孝順的人，因爲當時沒有時鐘，只能依太陽來判斷時間。母親如果早一點送飯去，他就罵：「這麼早就送飯來！早飯不是才剛吃過嗎？」如果晚一點送去，他也罵說：「這麼晚送來，是要餓死我嗎？」每次丁蘭罵他，他母親就很傷心的哭著說：「要不是孩子的爹早死，沒能好好教養他，也不會弄到現在忤逆老母。」

　　有一天，丁蘭在田裡工作時看到一群羊，小羊爲了要吃母羊的奶而跪在地上，丁蘭想到自己平時對母親大呼小叫的樣子，怎麼配做人呢？於是他暗自決定，等中午母親送飯來時，要像羊一樣，跑過去跪下來吃飯，這樣才能讓他的良心好過一點。

　　後來遠遠看見母親送飯來，他就趕快跑過去迎接母親，他母親嚇一跳，以爲丁蘭跑過來一定會把她給打個半死，就把飯丟在一旁，跳下江水自殺了。丁蘭看到了，馬上跳下江去找母親，但母親的遺體早就被水流走不見了。

　　丁蘭一直找到隔天，仍找不到母親，但卻在江中找到一塊木頭，於是他就把木頭帶回家，把它刻上眼睛、鼻子、嘴巴，當作母親一樣供奉，這就是後來神主牌位的由來。

　　丁蘭想到母親生前這麼辛苦，而他卻是如此不孝，於是他便三步一跪，五步一拜的，到江邊引母親的魂魄回家。後來又在江邊找了兩個貝殼，一個當他父親，一個當他母親，他要做任何事時，都要先問過父母親才可以。

　　可是二個貝殼要怎麼回答他呢？他想了想就決定：要問事時便把貝殼丟在地上，一正一反是「聖杯」，代表「好」或

「同意」的意思；兩個反面代表「陰杯」，代表「不好」或「不同意」；兩個正面代表「笑杯」，沒有意見。這個方法延續到現在，就變成現在我們「擲筊」的由來。

講述：吳福廷、八十九歲、日本教育、台語
採錄：陳曉筠、李秀玲
時間：八十八年十一月二十一日
地點：馬公市蒔裡里
故事類型：980C.2 不孝子欲孝鑄大錯

紅龜粿的由來

　　從前有一個叫蘇秦的人，從小父母雙亡，只能到有錢人家當長工。他一邊當長工，一邊讀書，直到科舉考試到了，準備進京赴考。這員外的女兒名叫金盆，她知道蘇秦當長工，根本沒有錢進京考試，於是就偷了父親的錢，讓蘇秦可以進京考試。她因為偷了父親的錢，也不敢留在家中，於是便與蘇秦結為夫妻，跟他一起走了。

　　之後蘇秦進京考試，金盆在家鄉辛苦的守著，等待蘇秦高中回來。沒多久，蘇秦果真中了狀元回來。但蘇秦故意騙妻子說，自己沒有考中狀元，所以去學了師公回來，還騙妻子自己的狀元印是師公印。

　　金盆傷心不已，對蘇秦哭訴說，自己偷了父親的錢讓他

進京趕考，還那麼辛苦去做工，就是希望蘇秦可以考中狀元，現在他卻學了師公回來。蘇秦見妻子那麼傷心，就告訴妻子實情，是自己故意騙她的，妻子這才破涕為笑，歡天喜地的準備祭品祭拜神明。為了感謝神明，就把狀元印，印在做好的粿上祭拜神明，這就是後來我們紅龜粿的由來。

講述：吳福廷、八十九歲、漁、日本教育、台語
採錄：陳秀晴
時間：八十八年十二月八日
地點：馬公市蒔裡里

棄老傳說

　　傳說以前的人，屁股上都長一根尾巴，如果人老了快要死的時候，尾巴後面就會變黃。這時他的子女就用要竹簍，把老人抬到山裡丟掉，讓他在那裡等死。

　　有一天，一個小孩的爺爺老了，尾巴變黃了，於是他爸爸就按照習俗，用竹簍把他爸爸抬到山裡丟掉。這個小孩看不到爺爺，就問爸爸：「爺爺到那去了？」爸爸說：「爺爺的尾巴變黃快死了，所以爸爸把他抬到山裡去，不讓他死在家裡。」小孩聽了之後就問爸爸：「那你以後老了，尾巴變黃了，我是不是也要像你對爺爺的方式，用竹簍把你丟到山裡去？」

　　爸爸聽了嚇一跳，才想到自己為什麼要遵照這種習俗來

對待自己的爸爸？於是他趕緊到山上把老爸爸帶回家，後來這種習俗就漸漸被大家淡忘了。

講述：李仁猛、五十一歲、室內裝璜、小學、國台語
採錄：劉淑玉、李美月、薛孟君、歐秋燕、翁雪琦
時間：八十七年十一月二十一日
地點：湖西鄉成功村
故事類型：980 兒子一言驚父親，從此孝養老祖父

吃人肉

　　傳說從前有個風俗，就是人死掉以後，他的肉便可以拿來吃。而且那時候的人，都長著猴子一樣的尾巴，快要死的時候，尾巴就會變黃，那麼他的兒孫就可以出去向人借肉回來吃。

　　後來有戶人家的老人，尾巴變黃了，他的兒子就很高興的去向人家借肉回來吃。老人知道後很不高興，心想：「我還沒死，你們就出去借肉回來吃，是不是巴不得我早點死，好讓你們能夠償還借回來的肉？」於是這老人就很生氣的離家出走。

　　他的兒子一方面著急父親不見了，一方面又擔心借了那麼多肉回來吃，該拿什麼還？所以趕緊叫家人四處尋找，找了好久都沒找到，原來那老人一個人跑到山中自殺死了。

等過了很久，家人找到屍體時，屍體已經發臭長蟲了。子孫們看到人肉發臭長蟲的樣子很可怕，於是就改掉這種流傳很久的風俗，不再吃人肉了。

講述：李仁猛、五十一歲、室內裝璜、小學、國台語
採錄：劉淑玉、李美月、薛孟君、歐秋燕、翁雪琦
時間：八十七年十一月二十一日
地點：湖西鄉成功村

殺老人待客

有一個外地人到某個村子，看見一個老人家在哭，外地人就問他：「阿婆！阿婆！你怎麼在這裡哭？」阿婆說：「我哭，是因為你們一來就輪到我了，換我要死了！」「什麼意思啊？」阿婆說：「你們來，我們沒有東西請你們吃，就會選一個地方上最老的老人，殺了給你們吃啊！」

講述：陳惠娜、三十三歲、望安鄉民代、小時候聽祖母說的
採錄：張百蓉
日期：八十七年九月十二日
地點：望安鄉將軍村

為什麼吃素不能吃蔥、蒜、韭菜

從前有一座寺廟分為東寺及西寺，東寺的和尚，每天都準時三點起來念經，西寺的，卻常常睡到很晚才起床。有一天，西寺的和尚跑來問東寺的和尚：「為什麼你們每天都可以那麼早起床？」東寺的和尚回答：「因為這裡有一隻蚯蚓，每天早上都會準時叫我們起床。」西寺的知道以後，就燒了一鍋開水澆在東寺的土裡，燙死蚯蚓。

這隻蚯蚓死掉後，就投胎做樵夫，每天上山砍柴。山上有一間三官廟，他每天都會趁著砍柴的時候摘一些花，插在三官廟裡敬神。可是附近有一隻猴子時常來搗蛋，把他敬神的花丟在地上，讓他很生氣。

有一天，猴子又來搗蛋，他氣不過就去捉猴子，結果猴子逃進一個石洞讓他捉不到，他就乾脆把石洞堵住，讓猴子出不來，於是猴子就死在洞裏。

樵夫這世結束後，還是投胎做人。在這一世裡，他做了三件好事：一、是買花供神，二、是造三官廟，三、是搬石頭造七星橋讓七仙女過。因為蚯蚓連續三世都做好事，所以到了第四世，玉皇大帝就讓他去當皇帝。玉帝交待他，即使當了皇帝，還是要繼續做好事，到時功德圓滿，他會派人來渡他當神仙。

這次蚯蚓投胎當梁武帝，他做了很多的好事：三里一庵、五里一寺，連仙女都來給他散花，所以他以為他的功德很大。後來時機成熟，玉帝派達摩祖師來渡他。梁武帝問達摩祖師：

「我做了這麼多好事，有多少功德？」達摩祖師回答：「半點功德也沒有。」梁武帝很生氣，就把他趕出去。

玉帝又派濟公來渡他，可是一樣話不投機，他又把濟公趕出去，還派人去燒濟公廟裡的經書。不久，又拿了三粒狗肉做的包子給濟公吃，濟公一接過來，就知道裡頭包的是狗肉，便將肉包子往後一丟。

包子一掉在地上，就長出蔥、蒜、韭菜三樣東西。這三樣東西因為是肉包子變的，所以從此以後，吃素的人就不吃蔥、蒜、韭菜。同時，梁武帝因為趕走了達摩祖師和濟公，所以後來就沒有成神升天。

講述：陳老公公、六十歲、小學、閩南語
採錄：呂奕萱、鐘麗娟
時間：八十六年十二月十日
地點：湖西鄉林投村

印泥避邪傳說

古時候蓋章的紅印泥是用硃砂調的，傳說硃砂能夠驅鬼避邪，所以一些不乾淨的東西，會怕印泥、印章這些東西。有一個故事是這樣說的：有一個秀才去考試，在半路上找不到地方住。後來好不容易看到一間破屋子，便打算到裡頭過夜，可是當地人告訴他，破屋裡有殭屍不能住。

後來他繞來繞去，實在找不到其他可以住的地方，只好告訴自己：「反正只住一個晚上，沒什麼好怕的。」就住到破屋裏。

睡到半夜，殭屍出現了，秀才就拿出身上所有的東西丟殭屍，可是都沒用，殭屍還是步步逼近。最後他想到身上有印章，就把印章丟過去，正好打中殭屍，殭屍就逃跑了。第二天天一亮，秀才就趕緊收拾行李離開，原來是印章上的硃砂把殭屍趕跑了。

講述：許進豐、五十三歲，老師。父親說的
採錄：李啟茂、王敏蕙
時間：八十七年五月十七日
地點：七美

冤可解不可結

以前有二個人結了冤仇，這世我殺你，來世就你殺我，生生世世殺個不停。他們只要殺了對方，便把對方的屍骨埋在一座山的樹下，每一世都如此。

到了某世，他們的冤仇注定要解開了，所以土地公現身指示他們，要他們到山裡的樹下，看是不是埋了很多屍骨，這就是他們的前世。「如果這輩子你再殺他，下輩子他又再殺你，永遠也殺不完，冤可解不可結。」於是他們二個人就和

好結為兄弟。

講述：莊決、七十六歲、識字、台語。祖孫
採錄：莊凱證
時間：八十六年五月三十一日晚
地點：馬公市東衛里

做賊一時，守賊一暝

　　以前日本時代，鐵線里有個種西瓜的，他種的西瓜又大又甜，怕被人偷，於是每天晚上都到西瓜園睡覺。有一天，朋友跟他打賭說：「我今夜要去偷採一顆西瓜，等明天天亮你可以到我家吃西瓜。」種西瓜的說：「我一定會顧好它，不讓你偷採。」

　　到了晚上，種西瓜的就很謹慎的在瓜園裡顧著，顧到天亮，西瓜還是少了一顆。他馬上到朋友家裡找，西瓜真的就在他家，這就是「做賊一時，守賊一暝。」你辛苦守了一夜，稍微不小心，一會功夫人家就偷走了。

講述：蔡修德、六十歲、農、小學、閩南語、祖孫
採錄：蔡靜蓉、吳姮慧、葉雯瑛、蘇鳳台、倪惠貞
時間：八十八年十二月十一日
地點：馬公市鐵線里

二、生活故事

太陽偏與枝無葉

　　從前有兩位乞丐，一個叫太陽偏，一個叫枝無葉，兩人每天相依為命一起行乞。後來兩人覺得這樣下去也不是辦法，就決定分開行乞，約定三年後再回到這裡碰面。於是枝無葉就往西嶼的方向去，太陽偏則向馬公這裡走。

　　分手後的第一天晚上，太陽偏找不到落腳的地方，後來看到一間房子燈還亮著，就隨便在屋外的一塊空地上躺下來睡。睡到半夜，忽然有一件像是棉被的東西從天上掉下來，睡夢中的太陽偏，隨手拿了就往身上蓋，睡得更熟了。

　　原來，屋主的女兒與心愛的人約好，今天晚上要私奔。怎知約定時間到了，愛人卻失約沒來，而從樓上丟下來的包袱，又被一個乞丐蓋在身上。天色漸漸亮了，該如何是好呢？

　　少女猶豫了一會兒，心想可能是命中注定吧！於是，就將太陽偏叫醒，告訴他事情的來龍去脈，要太陽偏帶他離開。太陽偏覺得真是喜從天降，於是馬上帶著少女離開了。

　　離開後，少女拿了一些首飾去典當換錢，要太陽偏買一棟房子成家立業。兩人在靠近馬公市區的地方看到一間滿意的房子，這間屋子因為鬧鬼，所以價錢很低還賣不出去。

　　他們買下來後，第一天住進去，果然出現一個青面獠牙的鬼，但是他說：「你不用害怕，我是幫你看守財庫的，在你的床下有黃金萬兩，如今任務結束，我要離開了。」太陽偏果

然在他的床下挖出很多金銀財寶，從此他就成爲有錢人。

但是，太陽偏並沒有忘記枝無葉。爲了找枝無葉，他讓所有的家丁到全澎湖貼告示，說太陽偏要過壽，只要在當日五點前來幫他祝壽的乞丐，都有兩錠銀子及六個紅龜粿可以領。

可是等枝無葉看到告示，趕去見太陽偏時，已經超過五點，銀子及紅龜粿都被領完了。但是好友相見，還是相擁而泣，太陽偏馬上準備熱水新衣給枝無葉盥洗。

但是，枝無葉一換上新衣時，全身奇癢無比，只好穿回原來的乞丐裝。連太陽偏特別爲他準備好的新床，也睡得腰酸背痛，最後只能睡在地板上。隔天一早，枝無葉就告訴太陽偏說：「我注定是乞丐命，我還是離開好了。」太陽偏無法留住好友，只好請家丁連夜趕工製作一斤的紅龜粿一百個，讓他帶在路上慢慢吃。

隔天一早，枝無葉告別了太陽偏，同時說了他最後一個請求：「若某天聽到我枝無葉有什麼三長兩短，請簡單的幫我處理後事，我會非常感激你的。」太陽偏答應了，枝無葉就啓程離開。

離開後，枝無葉想自己一個人吃不了這麼多東西，於是就把紅龜粿便宜賣出去，一方面避免浪費，一方面也賺些盤纏，只留下幾個今天吃的而已。

等到紅龜粿賣完，肚子也餓了，就拿剩下的紅龜粿吃，第一口咬下去，「喀！」的一聲，不知咬到什麼東西，仔細一看，原來每個紅龜粿裡面都放了八錠銀子。枝無葉再次感嘆自己命運的不濟，活在這世上一輩子也不會有出息了，於是

留下一句話：「莫恨太陽偏，只恨枝無葉。」就撞牆自殺了。

講述：鄭天賜、七十歲、日本教育、台語
採錄：顏慧嬋、顏鈺金、葉淑屏、馬金足、朱淑勤、陳亞慧、
　　　吳錦惠、曾筱芸
時間：八十九年十二月十七日
地點：白沙鄉通梁村

故事類型：856 姑娘私奔認錯人、745A 財各有主命中定、
　　　　　947A 橫財不富命窮人

妹妹吟詩

　　從前有一對兄妹，哥哥已經結婚了，妹妹未嫁，兩個人
的房間是分開的。有一天晚上，哥哥經過妹妹的房間，忽然
聽到妹妹睡覺時唸著：「五哥打死就沒再來〔一〕，一點紅花由
你採〔二〕，黑黑暗暗你也來〔三〕，長腳的秀才〔四〕。」

　　哥哥聽了，認為妹妹可能在作壞〔五〕，所以才會唸這幾
句話，第二天就叫家丁把她妹妹丟到沒有親朋好友的地方。
半路上遇到一隻豬哥，妹妹就對豬哥說：「豬哥仙、豬哥仙，
兩鼻掛兩圈〔六〕，我沒貪花〔七〕也沒好姦〔八〕，為什麼要把
我抓去，受可憐〔九〕。」哥哥聽到了這番話以後，相信妹妹
是清白的，就把妹妹接回去了。

解釋（以下解釋為講述者的說明，原詩用台語念是押韻的）

〔一〕五哥：指五隻手指。打死沒再來，指蚊子被手打死，
　　　　　　沒有再來。

〔二〕紅花：指血滴。本句是說蚊子吸人血。

〔三〕指蚊子晚上沒有燈光也來。

〔四〕長腳的秀才：指蚊子。

〔五〕作壞：指思春或做傷風敗俗的事。

〔六〕兩鼻掛兩圈：指豬鼻子掛的鼻環。豬哥，指公豬。

〔七〕我沒有貪花：指沒有貪心拿別人的錢。

〔八〕也沒有好姦：指沒有跟任何異性發生關係。

〔九〕受可憐：指受苦。

講述：鄭石蓮步、六十八歲、農、小學、台語

採錄：洪文振、鄭瑞章

時間：八十七年六月一日

地點：馬公市觀音亭

員外唸詩

　　從前有一個員外想做官，可是要會說詩句，才可以去考試做官，他就很苦惱地說：「現在要學說詩句，是要怎麼說？」所以員外就拿五十兩銀子，找人教他念詩句，可是以前讀書的人不多，他也不知去哪裡找人教他。

　　就在四處尋找人選時，看到了兩名小男童在河邊抓魚，有小螃蟹在河邊沙坑中進進出出的，要跑出來時，會先在洞口向外看有沒有人。這時，其中一位男童說話了：「出洞我也知，入洞我也知，洞口連樹我也知（台語）。」意思是說：你跑出來我知道，你跑進去我也知道，你在洞口偷看我也知道。

　　員外聽了，就去問那兩名男童說：「孩子呀！你們在說什麼？」男童回答：「我們在說詩句呀！」員外一聽就說：「你們再把詩說一遍給我聽！」孩子又唸了一遍。員外聽了之後，覺得可以用在考試，就拿五十兩銀子給兩位男童，一人二十五兩。

　　當天晚上，員外在睡覺前背詩句：「出洞我也知，入洞我也知，洞口連樹我也知。」背詩的當下，正好有兩名小偷挖了一個通往員外房間的小洞，正要鑽出洞偷東西。聽到員外背：「出洞我也知。」心想：「不妙！他知道我們要出去。」趕緊躲回洞裡。員外又背：「入洞我也知。」又大吃一驚：「我們躲回來他也知道。」最後又背：「洞口連樹我也知。」小偷聽了更害怕：「這怎麼得了，連我們在偷看他也知道。」他們嚇得逃跑，不敢偷東西。

　　隔天，那兩名小偷擔著肉，到員外家賣肉探聽消息。員外正在翻衣服和下人說：「昨晚有一隻蟑螂一直咬我，都沒抓到，現在一定要抓到這隻蟑螂。」

　　這時賣肉的小偷正好進來，員外大喊：「嚇！昨晚沒被我抓到，現在讓我抓到了吧！」當然，員外指的是蟑螂，不是小偷。但兩個小偷作賊心虛，一聽，「哇！」的一聲，就把肉

擔丟下逃跑了。

　　員外不知道發生什麼事，馬上大喊：「年輕人不要走呀！有什麼事好好說！好好說！」兩個小偷想：「你說昨晚沒抓到，現在抓到了，還叫我們不要走，那不就要被你抓去衙門了。」

講述：徐玉雀、六十九歲、補網、小學、國台語
採錄：顏淑婷、曾湘雯
時間：八十八年十一月二十二日
地點：馬公市案山里
故事類型：1653F 作賊心虛

壞心老師

　　從前湖西鄉有個以燒灰為業的人，他有一個兒子，所以就請了一個老師來教兒子。到了過年要放假了，燒灰的就跟老師說：「你不要回去，我請你幫我燒灰，讓你有錢賺。」那老師暗想：「我是個老師，讓你請燒灰就沒人格了，這樣看不起我！」但那燒灰的實在是一片好意，想讓老師多賺些錢，但老師卻把他當成惡意。

　　因為燒灰的不識字，就趁著老師回去之前，請老師幫他寫一副對聯，老師口中說好，心裡卻想著：「我的機會來了。」於是就提筆幫他寫了一副對聯：「滿門生不足，一生午出頭。」

然後跟他解釋說：「你只有一個兒子還很小，所以是『滿門生不足』；『一生午出頭』是說你這一生都是靠自己（吾）努力出頭養家。」

過年時，鄰居到家裡玩，看到對聯就問是哪位先生寫的，燒灰的說：「這個對聯是老師寫的，寫得很對很好啊！」鄰居看他不懂，就跟他解釋說：「滿門生不足，這個『生』字少一橫是什麼字（牛）？一生午出頭的『午』，出了頭是什麼字（牛）？」那燒灰的就想，我跟老師的感情也不錯呀，他唸給我聽的意思也很好，爲什麼寫出來會這樣呢？

案：老師是利用「吾」、「午」音近，來欺騙燒灰的。

講述：蔡修德、六十歲、農、小學、閩南語。祖孫
採錄：蔡靜蓉、陳梅秀、吳姮慧、葉雯瑛、蘇鳳台、倪惠貞
時間：八十八年十二月十一日
地點：馬公市鐵線里

醜兒養父

從前有個員外要外出收租，剛好他太太快要生產了，所以他天未亮就趕著出門，希望可以早點回來。才走出門，就看到兩個男孩，一個從北邊，一個從南邊，往他家走來，然後在門前相遇。員外覺得一大早就有孩子來他家很奇怪，就

躲在一旁聽他們講話。

一個說：「你一大早要去哪裡？」另一個說：「我要去給某員外當兒子。」「喔！我也是。」「你是要去『討債』還是『還債』？」一個說：「我要討債。」一個說：「我要還債。」員外聽完他們的話，心裡就有了譜。

等下午回家，下人就來報喜說：「夫人生了一對雙胞胎，兩個都是男的。」員外心想：「早上看到那兩個男孩，果然就是來我家投胎的，一個討債，一個還債。」可是兩個孩子，一個白、一個黑，一個漂亮、一個醜，到底誰要討債，誰要還債也不知道。

後來孩子長大要上學，員外想這個皮膚白好看的，一定是來還債的，就讓他上學堂讀書。那個黑皮膚醜醜的，一定是來討債的，就不讓他讀書，而且什麼事都叫他做，最後還把他趕出家門。

很多年後，留下來的那個兒子長大了，開始做生意，就把員外全部的財產拿去買珍珠瑪瑙，準備運到海外賺錢。沒想到船一出海，就遇到大風浪翻覆，船沈了、人死了、貨物也全都沒了。員外從此變成窮光蛋，靠替人抬轎過日子。

有一次員外出去抬轎，跟他一起抬的年輕人就問他，怎麼年紀這麼大還出來抬轎？員外就把事情說給他聽，還說很後悔把醜兒子趕出去。年輕人一聽，知道眼前這人是爸爸，可是爸爸已經不認得他，他也不敢相認。他就安慰員外說：「沒關係，我幫你抬，抬的錢都給你。」

後來抬到一間寺廟休息，醜兒子就到市場買米買肉讓他

帶回家，還叫他下午不用來，他要幫他抬。員外回到家裡，太太看到他帶那麼多東西回來，就問員外哪來的錢買這些？員外把事情說給太太聽。太太想，天底下哪有這種好人？他一定是我的兒子。於是就要員外帶年輕人回來。

醜兒子一進門，媽媽就認出他，他也馬上跪下來叫娘，他安慰父母，他一定會努力賺錢，讓家裡恢復從前一樣富有。

隔壁村的員外，聽說了這件事，覺得這個年輕人很不錯，就把女兒嫁給醜兒子，還陪嫁了很多的嫁妝。這個醜兒子就用嫁妝當本錢做生意，沒多久就賺了很多錢，比以前還富有。

原來漂亮會讀書的兒子，是來討債的；醜醜抬轎的兒子，是還債的。所以民間俗語說：「醜兒養父。」

講述：洪成續、男、小學、台語。父子
採錄：洪金璋、陳長利、陳正男、呂慧瓊、林大德
時間：九十年五月
地點：紅羅村自宅

爹娘親？還是丈夫親？

從前有位婦女，至衙門狀告自己父親貪圖丈夫財產，殺死丈夫謀財害命。從前女兒告父親是件大逆不道的事，而且謀財害命是死罪，所以縣太爺不肯受理案件。但這名婦女堅持要告，縣太爺就出一道難題：「爹娘親？還是丈夫親？」若

答得合情合理就受理此案，答不出就要撤銷告訴。

　　縣太爺想：「不過是名鄉下女子，哪懂得大道理，應該會知難而退。」沒想到婦女只簡單答十四個字：「穿衣穿褲見雙親，脫衣裸體陪夫君。」反問縣太爺到底誰親？

　　縣太爺無言，於是受理此案，同時提醒婦女：「畢竟這是一件大逆不道之事，妳該如何面對親朋好友及街坊鄰居，要有心理準備。」婦女答：「小女子自有打算。」於是縣太爺升堂審案。由於罪證確鑿，很快就宣判婦女之父死刑，就在其父砍頭那天，這名婦女就懸樑自盡。

講述：洪成續、男、小學、台語。父子
採錄：洪金璋、陳長利、陳正男、呂慧瓊、林大德
時間：九十年五月
地點：紅羅村自宅自宅

和尚來了

　　從前有一位先生出遠門，單獨留下妻兒在家。妻子每天晚上為了哄孩子睡覺，便說：「和尚來了，快去睡覺。」先生回來後，兒子跟父親說，每天晚上都有一位和尚跑來我們家。先生聽了很生氣，以為妻子對他不忠心，就把她殺了。

　　有一天，兒子忽然指著牆壁向爸爸說：「和尚來了！和尚來了！」父親一看，才知道所謂的和尚，只是夜晚經過他家

的路人影子罷了。這時他才知道誤會妻子了，但是已經來不及了。

講述：林孟起、七十三歲、漁業、閩南語
採錄：賴騰勝、鄭秀如、呂婉如、洪哲斌、林俊傑、呂偉隆
時間：八十六年十月十二日
地點：湖西鄉龍門村

會跑的龍銀

　　從前在某個村莊的某戶人家，家裡有兩個龍銀，他的鄰居則有許多的龍銀。有一天，有兩個龍銀的這戶人家，中午睡午覺的時候，突然聽到一些奇怪的對話，不過當時並不在意。睡醒後，一時興起，想看看龍銀，就叫太太拿出來給他看，結果，龍銀只剩下一個。

　　他想起中午聽到的對話及古人說龍銀會跑的事，就到隔壁問：「你們家是不是有很多龍銀？」鄰人回答說：「沒錯，我們家有十八個龍銀。」又問：「是不是能拿給我看？」鄰居答應了，結果拿出來一看，居然有十九個龍銀。

　　幸好這個鄰居也不貪心，他說：「是我的就是我的，不是我的，想留也留不住。」因此雙方便互相約定這麼說：「某某人有兩個龍銀寄放在某某人家裡。」由這個故事我們就知道，龍銀會跑的確是真的。

講述：張耀欽、三十九歲、大華航空、高中、國語
採錄：鄭淑芳、鄭劭琦、張悅華
時間：八十六年十一月十日
地點：馬公市朝陽路

妻賢夫無禍

　　有一個婦人，讀過一些書，就寫了一首詩給他丈夫。詩寫的是：「花本迷人酒本顛，那堪酒醉被花纏。花能亂性酒成病，花損精神酒損錢。勸君急戒花和酒，戒酒除花便是仙。」她用這首詩勸他丈夫，出外不要找女人，不要花天酒地。他丈夫有聽太太的話，沒有在外面亂搞，後來就很有成就。男生如果花天酒地，就不會有好發展，這就是妻賢夫無禍。

講述：顏謙、七十一歲、高職
採錄：張百蓉
日期：八十九年九月十三日
地點：七美鄉

三、幻想故事

人為財死

從前有兩個兄弟，哥哥很不孝順，整天遊手好閒無所事事，弟弟卻很孝順，每天到深山砍柴，賺錢養活父母。有一天，弟弟照例去砍柴，忽然看到一棵很大的樹，他想把這棵樹砍下來賣，一定可以賣到很多錢，所以就動手砍樹。

砍到一半，忽然飛來一隻大鳥跟他說：「我的巢在樹上，可不可以不要砍這棵樹？」弟弟說：「我的家境不好，必須靠砍柴為生。」大鳥聽了就說：「如果你不砍這棵樹，我會幫你解決困難。」弟弟答應了。大鳥告訴他明天早上七八點的時候，穿一件破舊的衣服來樹下等他。

隔天，弟弟依約前來，大鳥就載著弟弟飛到一個神秘的地方，滿地都是錢，弟弟因為穿的衣服很破舊，口袋只能裝一點錢，所以一會兒就撿完回去了。回去之後，弟弟用這些錢買了許多東西來孝順父母。

過了幾天，弟弟又跑去拜託那隻大鳥，請他再帶他去撿一些錢，大鳥二話不說的就又載他去了。這次撿了比較多的錢，所以弟弟就用這筆錢蓋了一棟房子給父母住。又過了幾天，弟弟又去拜託大鳥，請他幫最後一次忙。大鳥也如他所願，又帶他去撿了不少錢。

這次回來，正好碰到遊手好閒的哥哥回來，哥哥看到家裡的景象，大吃一驚，就問弟弟為什麼會在這麼短的時間變

的這麼有錢。弟弟老實的把經過說出來，哥哥聽了很羨慕，便要弟弟帶他去找那隻大鳥。

隔天，兄弟兩人就去找那隻大鳥，請他載哥哥去撿錢。大鳥答應了，就載著哥哥出發。一到那裡，哥哥看到滿地的錢，心中暗想：「還好我帶了兩個大布袋來。」

於是哥哥拼命的撿，兩個布袋裝的滿滿的，身上也裝的滿滿的。大鳥看了就說：「你撿那麼多，我載不動，你要丟掉一些才可以。」哥哥聽了很生氣的說：「這些錢是好不容意易撿來的，怎能丟掉。」大鳥聽了之後，就不理他，自己飛回去了。結果哥哥就餓死在那裡，不久屍體就被其他的大鳥吃掉了。

在樹下等的弟弟，看到大鳥回來，卻沒看到哥哥，就問大鳥原因。大鳥把事情說出來，弟弟很擔心，就拜託大鳥載他去找哥哥。結果到了那裡，哥哥只剩下一堆白骨，弟弟很傷心，大鳥說這就是貪心的下場。

講述：鄭石蓮步、六十八歲、農、小學、閩南語
採錄：鄭瑞章、洪文振、張記誠
時間：八十六年十月十三日
地點：馬公市觀音亭
故事類型：555A 太陽國

虎姑婆

（一）

　　從前有一對姊妹和母親一起生活。有一天，母親回娘家，姊妹因為想念母親，就出去找母親。結果在路口遇到了虎姑婆，虎姑婆假好心的問她們：「天這麼晚了，要不要來我家過夜。」姊妹答應了，就住到虎姑婆家裡。

　　睡覺的時候，虎姑婆要她們一個睡她頭上，一個睡她腳下。姊妹討論後，姊姊睡頭上，妹妹睡腳下。到了半夜，姊姊聽到吃東西的聲音，馬上就知道是虎姑婆在吃她妹妹。可是她還是很鎮定的問虎姑婆在吃什麼？虎姑婆回答：「這個東西小孩子不能吃。」姊姊又說她想要上廁所，虎姑婆怕她逃跑，就說不可以。姊姊就向虎姑婆說：「不然妳拿一根繩子綁住我的腳，如果妳拉繩子，覺得繩子很重，拉不回來，就表示我還在廁所。」

　　虎姑婆答應了，可是姊姊一到廁所，就把繩子綁在馬桶上。不久，虎姑婆吃完妹妹，發覺姊姊還沒回來，就用力拉繩子，結果把馬桶拉倒了，淋了一身的尿。虎姑婆很生氣，馬上跑出去找姊姊。

　　姊姊躲在樹上，影子映在樹下的井裡，虎姑婆以為姊姊躲在井裡，就一直舀水，想舀乾井中的水來抓姊姊。姊姊在樹上看了覺得很好笑，就笑出來，虎姑婆聽到笑聲，發現姊姊在樹上，就拿石頭丟姊姊，姊姊沒辦法只好爬下來。

　　姊姊要虎姑婆燒一桶油和準備一些配料，因為這樣子她吃起來才會比較好吃。虎姑婆照著做，不久油燒好了，姊姊說：「妳把眼睛閉起來，嘴巴張開，我要跳進去了。」虎姑婆很高興，就照著話做。姊姊一看她眼睛閉起來，馬上將熱油倒進她的嘴裡，虎姑婆慘叫一聲，就活活被燙死了。這時候，剛好媽媽來到這裡，看到姊姊還活著，就很高興的帶她回家了。

講述：鄭石蓮步、六十八歲、農、小學、閩南語
採錄：鄭瑞章、洪文振、張記誠
時間：八十六年十月十三日
地點：馬公市觀音亭

故事類型：333C虎姑婆

（二）

　　古代有位母親回娘家作客，她叫二位女兒阿金、阿玉看門，母親說：「要不要叫姑婆來陪妳們睡？」孩子回答：「不用。」兩姐妹睡到半夜，有一個老人假裝姑婆，一直敲門叫：「阿金、阿玉開門。」姐妹問：「妳是誰？」「我是姑婆，你媽媽回去作客，要我來和妳們睡。」姊妹回答：「不用，我們自己睡就好。」「不可以，壞人多，我要陪你們睡。」老人一直敲門，只好開門讓她進來。那個姊姊較懂事，一看就不

是姑婆，可是她已經進門，也沒辦法了。

老人一進門就說：「妳們去猜拳，贏的睡到旁邊去，輸的跟我睡。」結果姊姊贏了，妹妹輸了。到了半夜，老人就把妹妹吃掉。姊姊聽到吃東西的聲音，就問：「姑婆吃什麼？」「姑婆在吃老薑母。」姊姊說：「我也要吃。」姑婆回答：「小孩子不可以吃。」那時正好吃到指頭，骨頭發出喀喀的聲音。

姊姊找不到妹妹就問：「妹妹呢？」姑婆回答：「在那邊睡覺。」姊姊心裡明白出事了，立刻跑出去喊：「救命！」人們就叫姊姊爬到樹上，說：「我再幫妳燒一桶油，等她出來時再把油倒下去。」

等姑婆吃完妹妹，出去找姊姊，姊姊說：「妳不用找我，我在樹上，你還要吃我嗎？」虎姑婆說：「對啊！」姊姊說：「妳躺好，我就跳下去讓妳吃，但是眼睛要閉起來，不然我的手指會刺到你的眼睛，你會瞎掉。」

姑婆一聽，就照姊姊的話，立即張開嘴巴躺著，姊姊就把油潑下去把姑婆燙死。姑婆一死掉立刻站起來，傳說老虎死掉是站起來的，這才知道是虎姑婆。媽媽回來後找不到妹妹，姊姊哭著說：「妹妹被虎姑婆吃掉。」媽媽說：「虎姑婆死掉，村莊就太平，這樣妹妹犧牲也是值得。」

講述：陳許春妹、七十五歲、不識字、台語、朋友
採錄：蔡秀玉
時間：九十年十二月二日
地點：石泉里講述者家中

故事類型：333C虎姑婆

送神的故事

從前有一個老實人，家裡很窮。有一年年底送神，大家都準備三牲拜拜，只有他沒有錢拜拜，所以他就去肉攤賒了一塊豬肉回來拜。等他煮完肉要拜時，肉攤的人來跟他收錢，他沒有錢，煮好的肉就被肉攤拿回去。

沒辦法，他只好拿煮肉剩的肉湯來拜拜。他燒香說：「弟子窮，本來賒了一塊豬肉來拜土地公，送土地公回天庭，可是卻被沒良心的豬肉攤要回去，所以只能用這碗肉湯來拜祢。」土地公想，這個弟子真誠心，其實肉湯比肉還好，於是他就把肉湯喝完了。

沒想到土地公年紀大了，喝了肉湯後就拉肚子，結果晚了三天才回到天庭。玉皇大帝非常生氣，罵土地公不懂規矩，害大家等了三天。土地公趕緊解釋原因，還說這個弟子雖然窮但很誠心的事。玉皇大帝聽了，就原諒土地公，並且決定要嘉獎這個窮弟子，所以就賜給他一隻狗。

這隻狗很神奇，只要吃了東西，大便就會拉出金塊、銀塊。後來這人覺得奇怪，怎麼這狗每次吃完東西，就跑進家裡大便。他想看牠大在哪裡，就跟在狗的後面進去，沒想到看到角落裡有一大堆的金塊銀塊，從此他就變得很有錢了。

講述：翁興德、六十八歲、日本教育、台語。朋友的爸爸
採錄：劉怡采、蔡虹仙、劉玉娟
時間：八十七年五月
地點：馬公市鎖港里

北斗七星與北極星

　　夏天我們很容易從夜空找到北極星和北斗七星，傳說北極星是一位漂亮的小姐，而北斗七星是七個大漢。他們為了看這位小姐，就七個人疊在一起，疊得高高的，這樣才能看到北極星小姐。從前澎湖的漁民，就是用這種有趣的故事來記星星的位置，分別東西南北。

講述：李文富、六十一歲、自由業、專科、國台語
採錄：許依婷、江玉琳、莊雪如、劉蒲霏、吳佳慧
時間：八十八年十一月二十一日
地點：西嶼鄉外垵村

浦島太郎

　　從前有一位好心的漁夫，在返家的途中，看見一群小孩子在欺負一隻烏龜，漁夫不忍心，就花錢買下烏龜，將牠放

回大海。烏龜遊向大海時，還頻頻回頭向漁夫道別。

　　幾天後，漁夫釣魚時，那隻烏龜回來找他，說要帶他去參觀龍宮。原來海龍王很感謝漁夫救了他的部下，所以要設宴款待他。龍宮的美景使漁夫流連忘返，等到他發覺該回家時，已經停留了好多天。離別時，龍王送他一個木盒，並叮嚀他無論遇到什麼困難都不能打開它。

　　漁夫回家後，發覺所有人事物都變了，一切都不是他熟悉的。這時他想起龍王送他的木盒，就將它取出打開，一打開木盒，就竄出一道白煙，一下子漁夫的頭髮全都白了。原來龍宮的時間和地面不一樣，他在龍宮不過幾天，人間已經好幾十年了。

講述：李香、女、家管、七十七歲、日本教育、國台語
採錄：張筱玟、郭敏碩、洪秀瑋
時間：九十年六月十日
地點：西嶼鄉池東村
故事類型：844C 龍宮歲月非人間

為何鹿有角

（一）

　　傳說從前的時候，鹿沒有角，狗有角，那爲什麼現在正

好相反，狗沒有角，鹿有角呢？據說有一次鹿去找狗和公雞，牠看見狗頭上的角很漂亮，便說：「狗兄弟，狗兄弟，你能不能把角借給我戴戴呀！」狗因為很老實，就把角借給鹿。

鹿借到角後，就到水邊照鏡子，他看著水中的倒影，愈看愈喜歡，便不想把角還給狗，但這角到底是人家的，他就想：「反正我跑得很快、沒關係。」於是他便賴皮的逃到山裡，不把角還給狗了。

但是鹿向狗借角時，是由公雞當保證人的，牠保證一定會把角要回來的，所以狗便向公雞要角，可是公雞找不到鹿，沒辦法還他，所以從此狗看到公雞便要咬牠。也因為如此，公雞感到很羞愧，所以每天一大早，便起來大聲的叫：「鹿角還狗哥！鹿角還狗哥！」

講述：陳宏利、五十歲、教師、大學、國語
採錄：吳玉仙、謝梅雀、翁欣眉、洪敏珊、莊雅惠、歐釆鑫
時間：八十七年十一月八日
地點：馬公市

故事類型：284 獸借頭角不肯還

（二）

傳說從前有一隻鹿和一隻狗，狗的頭上有角，鹿沒有。那時狗和鹿是朋友，聊天時，鹿叫狗把角借他載一下，說是

從來沒載過角,不知道有角是什麼滋味。狗說:「如果把角借你,你不還怎麼辦?」鹿說:「那麼找個保證人好了。」

這時剛好有一隻公雞經過,鹿看到了,就開口叫住公雞說:「雞叔!雞叔!可不可以請你當個保證人啊?」「什麼事啊?」鹿說:「我想向狗借角來戴一戴,保證過一陣子就還他。」公雞想說這有什麼問題,就答應說:「好!好!沒問題,我來當保證人。」於是狗便把頭上的角拔下來借給鹿。

鹿載上角後,覺得自己變漂亮了,便「咻!」一溜湮的往山上跑了。狗沒有了角又找不到鹿,於是便去找雞算賬。公雞說:「鹿跑到山上躲起來,我也沒辦法找到牠。」狗聽了很生氣,張口就要咬雞,從此生生世世只要狗一看到雞就咬。而雞呢,總是叫著「咯咯咯!咯咯咯。」意思就是說:「鹿角還狗哦!鹿角還狗哦!」

講述:歐先生、父子
採錄:歐輝銘、林俊文、蔡麗玲、賴善如
時間:八十七年十二月
地點:馬公市案山里
故事類型:284 獸借頭角不肯還

鯨魚娶妻

在澎湖我們叫鯨魚「海尪」(台語),牠是海中最大的動

物。傳說從前鯨魚要娶丁香做牠的太太，消息一傳出去，大家都很驚訝，沒想到這麼大的鯨魚，會娶這麼小的丁香魚當太太。所以比目魚一聽到這件事，就笑得人仰馬翻，笑到嘴巴都歪了，所以現在比目魚的嘴都是歪一邊的。

還有一種魚，台灣叫「紅目鰱」，澎湖叫「紅眼眶」。牠聽到這件事就很生氣的說：「簡直是胡說八道！」因為牠很生氣，氣到眼睛都充血發紅了，所以現在「紅眼眶」的眼睛才會這樣紅。

講述：陳宏利、五十歲、教師、大學、國語
採錄：吳玉仙、謝梅雀、翁欣眉、洪敏珊、莊雅惠、歐采鑫
時間：八十七年十一月八日
地點：馬公市

貓為什麼要用沙蓋大便

貓和老虎都屬於貓科，其中貓很靈巧，貓吃老鼠時，會先用嘴巴含住老鼠，慢慢把血吸掉，最後再把肉吃掉，所以牠的吃相不恐怖，血液不會亂噴。而老虎也有個本領，就是牠很有威嚴，當牠抓動物時，就會施展威嚴，讓整個毛豎起來，外表看起來很威猛的樣子。所以貓就很羨慕老虎的虎威，老虎也很欣賞貓吸血的本領。

有一天牠們聚在一起時，老虎就跟貓說：「貓弟弟啊，你

教我吸血好不好？不然我每次吃東西，血都亂噴，很恐怖，樣子很難看。」貓就說：「可以啊，那也請虎哥哥教我施展虎威的方法。」老虎就一口答應了。牠先教貓如何施展虎威，所以現在貓遇到敵人時，尾巴就會翹起來，毛豎起來，以此威嚇其他動物，這就是牠向老虎學的。

　　當老虎教完貓之後，貓卻食言，一溜煙的跳到樹上。老虎沒辦法到樹上抓貓，於是牠很憤怒的對天發誓說：「好！你給我記住，只要被我逮著，我一定讓你屍骨無存，而且連你的大小便都不留！」這就是現在貓為何大小便後，一定會用沙蓋起來，而老虎看到貓，一定要把牠抓起來的原因。

講述：陳宏利、五十歲、教師、大學、國語
採錄：吳玉仙、謝梅雀、翁欣眉、洪敏珊、莊雅惠、歐采鑫
時間：八十七年十一月八日
地點：馬公市

為什麼「死貓吊樹頭，死狗放水流」

　　從前有一隻貓，他看到老虎很威風，只要隨便一吼，就把所有的動物嚇得半死，所以他很羨慕，便去要求老虎教他這個絕招。老虎起初不答應，因為他怕貓學會了，反過來欺負他。後來在貓再三懇求的情況下，老虎才有條件的答應。

　　老虎要求貓去找保證人，擔保他以後不亂用絕招才肯教

他，所以貓去找狗當保證人，於是老虎才把絕招教給貓。誰知道貓學會絕招以後，就四處去嚇人，害得大家都很怕貓。老虎知道了很生氣，就去找貓算帳。

但是貓會爬樹，他一看到老虎就跳到樹上去，讓老虎捉不到，所以老虎去找狗評理。可是狗一看到老虎，就跳到海裡去，讓老虎找不到他。老虎很生氣，便說：「你們二個最好到死都不要被我捉到，不然讓你們好看！」就是這個緣故，所以死貓要吊在樹上，死狗要放水流，以避免老虎找他們的麻煩。

講述：劉有祿、六十歲、漁、小學、閩南語、聽前人所講
採錄：劉英能
時間：八十六年五月二十一日
地點：湖西鄉龍門村

附

錄

附錄一

澎湖習俗略說

一、丟炸棗[一]

澎湖有喜事都要做炸棗。比如新船造好要下水,或是廟會、新居落成,都會丟炸棗慶祝。村裡的人都會去撿炸棗湊熱鬧,這是好的彩頭。像新房子落成,在上樑、安八卦、用簑衣、斗笠等禮數都做完後,最後會以丟炸棗來慶祝,這是澎湖才有的風俗哦!

二、石碑鎮煞

澎湖有個風俗,要是房子面對道路,就必須立石碑鎮煞。如果沒有立碑鎮住,房子裡面的人容易有生病、吵架等情形發生。要是有石碑鎮住,裡面的人就可以安居不會起爭執。古時候只要是住的地方沖到道路,都會用這種方法來解決。還有人說,只要有長刺的東西都可以避邪,如果屋頂或門口種仙人掌,不但可以安居,也有避邪的作用。

三、迎王送王

要是有王船到村子的港口,廟裡的神明就會告訴村民:

一 炸棗:樣子約如芝麻球,口味則似炸麻糬,內餡包花生、紅豆,也有沒包餡的。對澎湖人言,炸棗代表吉祥跟喜氣,只要有人娶媳婦或是新居落成等好日子時,就會製作大量炸棗分送親朋好友。

「有王船到村子來。」廟裡的神明若同意,廟裡的老大,就會到海邊去拜王船,詢問有幾尊王爺及王爺的姓氏。

王爺會在村裡停留一段時間,村裡若平安,就會幫王爺打造金身。村民會去問王爺長什麼模樣、體型如何、穿什麼衣服等等,然後叫製作紙人的師傅,依照王爺說的話去製作。

王爺在村裡的時間不一定,有時二年、三年,有時十幾年都有。當他要離開時,會先告知村民說他要離開,因為他來時的王船已經不在了,所以村民就要為王爺製作一艘新的王船。

王船模仿大陸的小帆船,大約十呎左右,也會製作小隻的船,以便王爺上下船。還要準備鹽、米、木材,做成一包包的讓王爺帶走。王爺要離開前,還要舉辦熱鬧的慶典來報答王爺,例如:抬王船、抬轎等等,繞行村子一圈,最後再抬到海邊去燒王船,恭送王爺回天上去。

四、月亮的傳說

以前遇到月蝕的時候,人們認為是天狗把月亮吃掉了,所以就會一直敲鑼打鼓,發出很大的聲音,使天狗害怕把月亮吐出來。以前的人又說,月亮有一隻兔子在「搥麻糬」,但後來又說是嫦娥在上面。

我小時候,阿公阿嬤會告訴我們,不可以用手指月亮,這樣對月亮不尊敬,耳朵會爛掉。如果耳朵爛掉,只要虔誠的對月亮拜一拜就會恢復,這也是現在農曆七月七日,要拜「月亮嬤」的原因。

講述：林槓、八十歲、農、小學、閩南語
採錄：陳慧菁、陳雅玲、郭淑婷、陳春娟、陳靈玉、楊雅婷
時間：九十年六月二日
地點：馬公市案山里

望安買棺習俗及其他

（一）

因爲望安離大陸的福建、廣東較近，作生意也都在福建、廣東一帶。所以一般有錢的大戶人家，會爲其女孩子，買一口好的福杉棺木回來，作爲出嫁時的嫁妝。

「棺木」算是以前大戶人家最好的嫁妝，買回來的棺木要立起來，若放平就表示有人死掉。現在棺木雖然還在那間古厝裡，但古厝已經坍塌，棺木也已腐爛。

看古厝的重點要看窗子。以前家中如果有讀書人，都希望能考上秀才、舉人等國家考試。但若在地方上有聲望、有學識，又有從事教書工作，如開私塾，那這人即使沒有參加過考試，也可以把姓氏排出來，中社看到的曾姓人家的窗戶便是一例。二

古時候蓋房子有兩種禁忌，第一種禁忌是，蓋房子不能

二 指望安中社曾家古厝，窗戶以紅磚砌成「曾」字的姓氏窗。

蓋「發角」，有角的屋簷是廟，是供奉功臣或偉人的。第二種禁忌是，不能蓋兩層樓，現在中社看到的兩層樓房，是施琅將軍住過的，但現在已被翻修過，所以不容易看出來。

再看那曾姓人家的窗戶，姓氏窗旁邊還有一個小窗，那種小窗的窗柱是圓型的叫作「書卷窗」，像是關公手拿春秋，這也是表示讀書人家的一種。

所以，從中社的窗戶可以看歷史。自今往前推，大約二百年前用「姓氏」，大約一百五十年用「壽」，「雙囍」大約是一百二十年前。民國初年以水泥磨石子，民國六十年開始用鋁門窗，民國八十年用台塑塑鋼窗。施琅將軍所住的窗戶是用「黃金萬兩」。

中社還有一間可看的房子，是當年拍「無卵頭家」這部電影的背景。這間房子有上庭院、下庭院，還有客房，窗戶上寫個「壽」字。他是有錢大戶人家，借用拍電影時，稍微用石灰調土整修一下，但仍大致保留原貌。

窗戶除了「壽」字，壽窗旁還用紅磚黏了一圈蝙蝠圖案象徵「福壽」，另外的用意是蝙蝠會吃蚊子，有驅蚊之效。

講述：陳朝虹、三十九歲、高中、國台語、朋友
採錄：陳秋熹、徐蕙真
時間：八十九年十一月二十八日
地點：望安加油站

（二）

　　望安在幾十年前，大概是是全台灣最有錢的地方，當時台灣還沒有水泥蓋的房子，望安就有洋房了。望安會那麼有錢，是因為他們到海邊敲了很多珊瑚去賣。現在因為珊瑚漸漸減少，政府禁止開採，所以望安就不像以前那麼有錢了。

　　望安有個習俗，就是在父母六十大壽的時候，子女必須買棺材給他們做壽禮。原因是以前交通不方便，棺材大多是從大陸買回來，來回一趟至少要半個多月的時間，很不方便。其次是為了給父母添福壽。

　　棺材買回來必須放在大廳的左側，而且不能碰到地面，因為棺木是入土為安，所以一定要把棺材墊高。還要上油漆，寫上「福」跟「壽」二字，每月初一、十五都要拜拜，祈求父母延年益壽，所以望安鄉的老人都很長壽喔！

講述：鄭文禮、四十八歲、商、初中、國語
採錄：陳雅娟、林秋雲、廖香雅、林明慧
時間：八十六年七月
地點：馬公市新生路

花嶼買棺習俗

　　以前花嶼由於交通不方便，與馬公的往來只靠漁船，所以花嶼居民的家中若有老人，都會事先從馬公買好棺材置放

在家中，以防天候不佳，無漁船往返失去良時。

如果他們從馬公買好棺木，託漁船運回花嶼，在裝運過程中，棺木不可越過船中心。也就是如果從船尾運上去，到港卸貨時，就要從船尾卸下；若是從船頭運，就要從船頭卸下。而且託運者要買銀紙錢給船主人，祈求船及船主的平安。棺木運到花嶼家中時，他們會將它立在家中，表示人還活著，若是橫擺，就表示人已仙逝了。

講述：董進成、五十七歲、小學、台語。朋友介紹的
採錄：陳靜芬
時間：八十九年十二月十二日
地點：花嶼講述者家中

離島半夜結婚的習俗

（一）

望安是個小島，村民最擔心害怕的，除了天候不佳不能出海捕魚外，就是常常受到海盜的侵襲。就連結婚這件事，也怕太熱鬧會吸引海盜來搶劫或搶新娘，所以婚禮總在夜半悄悄舉行，也沒有什麼儀式，甚至直接把新娘帶回家就算完成婚禮。

另一種說法是說：因為早期大家都比較窮困，女方沒有

什麼貴重物品做嫁妝，為了避免女兒遭人取笑或指指點點，
於是便在夜晚偷偷摸摸的將女兒嫁出門。

講述：顏福木、七十二歲、日本教育、台語
採錄：陳家源、許秀芳、陳惠娟
時間：八十七年六月十五日
地點：馬公市風櫃里

<h1 style="text-align:center">（二）</h1>

　　從前將軍島上有一個半夜結婚的禮俗，結婚當天，新郎
和媒婆會步行到新娘家中迎娶新娘。祭拜完祖宗後，兩人就
到海邊散步慢慢走回男方家。當時漁村的人都起得很早，因
此會在清晨碰面時向新人道賀，之後新人才回家入洞房。
　　這種習俗據說是為了避免新娘在結婚當天，看見生肖屬
虎的人導致不孕。實際上是因為離島的人沒什麼錢財，為了
不讓新娘因嫁妝過少而難過，因此才產生這個習俗。

講述：許菁慧
採錄：黃昭儀、駱泉遐、陳怡玲
時間：八十七年六月
地點：將軍嶼

吉貝的兄弟會（米會）

　　早期的吉貝因為生活很困苦，資源又缺乏，所以有兄弟會。這是一種互助組織，一會有幾個人不一定。兄弟會每年固定由會首向會員收取一公升的米，只要村裡有人有喪事，會首就會用米來資助喪家。因為兄弟會是「米」的集合，所以又稱「米會」。

　　早期吉貝沒有「土公仔」，所以兄弟會就一手包辦所有「土公仔」的工作。例如：抬棺、挑砂、下葬⋯⋯，不收錢，大家輪流。至今，吉貝仍有兄弟會的存在，每年農曆的初九到元宵，都有不同的米會聚集在一起，是吉貝很特別的日子。

講述：某先生、休閒漁業、五十二歲、初中、國台語混用
組員：李曉玲、邱宛嬋、陳慧頻、徐書翎、蔡蕙玲
時間：九十年六月十日
地點：吉貝

阿嬤回憶中的竹仔街

　　馬公最繁華最熱鬧的一條街叫「中央街」，而西嶼也有一條可媲美中央街，算是第二熱鬧的「竹仔街」。那時一般的道路都是泥巴路，只有這條街有水泥路，由此可知當時這裡是如何繁華熱鬧，老一輩的都知道西嶼的「竹仔街」。

　　「竹仔街」位於西嶼鄉的池東村，馬公中央街有的，竹仔街幾乎都有，簡直就是小型的中央街，只要那時有的行業，竹仔街都看的到。竹仔街有那些行業呢？有：師公世家、打石墓碑師、泥匠工、收驚、鋁桶焊接、西裝師、理髮師、校長、清末秀才、老師、鄉長、花生油製造、燒火炭、修理皮鞋、警官、魚苗收購、戶籍員、雜貨店、打鐵、機車修理店、賣鴉片、日本畫家、糕餅店、渡船夫、保正等等⋯⋯。不過這些都是日據時代的盛景，現在已無法再看到了。

講述：張劉玉梅、七十七歲、農、小學、台語
採錄：張筱玫（祖孫）、郭敏碩、洪秀瑋
時間：九十年六月三日
地點：西嶼鄉池東村

歌謠・諺語・謎語

（一）

一、一鼠賊仔命，二牛駛犁兄，三虎爬山坪，四兔遊東京，五龍皇帝命，六蛇讓人驚，七馬跑兵營，八羊吃草嶺。九猴爬樹頭，十雞啼三聲，十一狗顧門庭，十二豬菜刀命。

二、一隻狗遇到一隻猴，一隻狗跌入溝，用鉤來勾狗。

三、上帝公博輸筊一當（ㄅㄤˋ）龜。

說明：

　　（一）如果有人不小心跌倒摔到屁股，就可以說他是「上
　　　　　帝公博輸筊」。因爲台語的「當」（ㄅㄤˋ）有摔之
　　　　　意，「摔到屁股」用台語來說就是「當龜」。

　　（二）傳說玄天上帝腳踏龜蛇二妖，所以玄天上帝賭博輸
　　　　　了，一、將他腳下踏的龜拿去當。二、氣得將腳下
　　　　　的龜拿起來摔。

四、相請不論，買賣算分

說明：老闆對顧客說的話。意思是說：請你或多給你的，不
　　　算錢；但原本買的東西，一分一毫還是要算清楚。

講述：王楊珠、六十六歲、不識字、台語、朋友
採錄：姜佩君
時間：九十三年五月三十日
地點：馬公市林森路

（二）

以前二崁小孩念的童謠：

一也偷挽蔥，二也炒韭菜，三也強強滾，四也炒米粉，五也
Do Re Mi，六也會作官，七也舉關刀，八也殺死你兄哥，九
也站著看，十也例落躘，十一兵，十二賊，十三關帝腿，十
四大老爺，十五上元燈，十六什麼都完。

講述：楊秋李、四十八歲、台語、小學
採錄：陳瑋琇、蘇靜琪（母女）
時間：九十年六月二十日
地點：馬公市三多路

（三）

阿嬤小時候住在桶盤嶼，家裡沒電視也沒玩具，所以長
輩都念歌謠給他們聽，還教他們唱。以下是阿嬤唱的歌謠：

一、推呀推，晃呀晃，少年家在賣鹹菜，熱熱一碗來，冷冷
我不要。

二、雞公咕咕啼，啼到那，豎起（大姆）指，稱讚哥，稱讚
弟，稱讚父母好教訓（父母教養的好）。
載（蕃薯）籤載米去飼雞，飼雞來叫更，飼狗來守暝。
養兒子就有後嗣，養女兒就是別人的。

三、梳也光，辮也光，早早下花園，柑就甘蜜蜜。上山下山

人打鐵，上山擔，下山擔，做人媳婦撿甘藍，做人婆婆
較囉嗦，撿到手指紅通通。

日出日落請親家，親家愛吃竹甲魚，親家母愛吃黑眼睛。
韭菜加麻油，吃到手也勹，腳也勹，阮兄喊不要，阮嫂
喊救人。[三]

講述：顏吳秀鸞、七十七歲、不識字、台語
採錄：柯瓊滿、楊善妃、李婉瑜、簡文傑
時間：九十年六月十日
地點：天后宮附近

（四）

一、一年損金，二年損鼓，三年偷娶某，四年大腹肚，
　　五年生一個肖查某，六年轉臍。

二、一年煎觳仔炱[四]，二年擔去賣，三年買一塊，
　　四年沒買真歹勢，五年車落溝ㄟ底，六年撿起洗。

三、一代空，二代賢，三代提吊褲。
　　說明：意思為「富不過三代」。

三　講述者說：「韭菜加麻油」吃了會死人的。所以吃到手腳都蜷縮起
　　來（台語：勹 kui），哥哥說不要，嫂嫂喊救命。

四　台語 khok-á-ta，一種油炸小吃：將豆芽菜、韭菜舖在鮮蠔上，再摻
　　上一層麵粉漿，下鍋炸成圓扁形，類似「蚵嗲」。

四、一代姑，二代表，三代去了了。

說明：意思爲「姑表三千里」。

五、水某別人的，水厝公家的。

六、放出港，卡大隻牛港（公牛）。

說明：意思是說小孩子出去玩耍，便忘記回家。或是孩子長大外出賺錢，有經濟能力便不聽父母的話。

七、水鹹、魚少、做工真甘苦，呷飯呷甲大腹肚。

母阿、母阿、妳哪無叫我轉，（母親妳若不叫我回去）

我這把骨頭會留惦台北損鼓。

謎語

一、買魚免用秤。（猜本縣地名）---------------講尾（講美）

二、買布免用尺。（猜本縣地名）---------------通量（通梁）

三、臭頭孩子。（猜本縣地名）------------------愛毛（隘門）

四、貪吃小孩剝花生。-----------------------------愛仁（愛人）

五、身穿黑爪絲，爬山過嶺要娶妻，賺錢回來安家。（猜職業）

---牽豬哥

六、三牲酒禮辦無全，某知我麻麥來。----------------老鼠籠

七、一群白鴨白蒼蒼，兩枝竹子趕入坑。--------------吃飯

八、穩孤孔鏘，出門兜候人央。--------------------------犁

九、一塊木板上放一百元。（猜皇帝名）------------劉邦（要把錢拿走，留下木板才算答對）

十、桌上放兩粒橘子及二元。（猜職業）------------藝妓（要拿起橘子剝皮，並說：「甘（柑）心撕破面，賺君兩元銀」）

講述：洪成績、男、小學、台語、父子
採錄：洪金璋、陳長利、陳正男、呂慧瓊、林大德、呂玉叢
時間：九十年五月
地點：洪羅村自宅

（五）

一、菜瓜開花一片蔭，（絲瓜田開花，遍滿菜園。）
　　五點彈過天就光，（五點時鐘敲過五聲後，天就亮了。）
　　天光開門予兄轉，（天亮後開門讓丈夫回來）
　　目尾看兄心頭酸。（眼角看丈夫身影，心裡覺得心酸）

說明：敘述丈夫晚上出海捕魚，女子只能獨守空閨，即使有怨，也不敢直接講，只能暗自心酸。

二、父母生咱這歹命，（父母把我的命生得這麼不好）
　　腳骨酸酸也得行，（即使腿腳酸痛也要走下去）
　　三頓吃無一頓飽，（一日三餐沒有一餐可以吃飽）
　　目屎流落叫阿娘。（只能傷心流淚叫媽媽）

說明：澎湖年輕人都希望到台灣闖一片天，但往往事與願違，
　　　遇到心酸難過的事，就會想起故鄉的媽媽。

三、鮮魚煮麵線　食飽倒著蠕

說明：以前人的生活窮苦，若是有一碗鮮魚麵線吃，吃完還
　　　可以躺下來睡覺，真是人生一大享受。

講述：許阿忠、二十七歲、領隊。阿公傳的

採錄：凌慧琪

時間：九十年六月二十日

地點：馬公市

附錄二：學生報告剪影

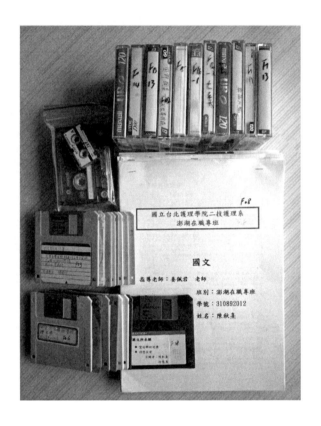

　　國文課採集故事，一班大約會分個十幾組，等期末報告
交出來的就是這樣：十來捲錄音帶，十幾張磁片，一疊紙本
報告。收到報告後，依序編號，磁片資料存進電腦，錄音帶
沒外殼的，找個夾鏈袋裝好以免受潮。先依紙本報告打分數，
重聽錄音帶及整理磁片檔案資料，則留待以後陸續處理。

"澎湖地方代誌"製作群

學校：澎湖海事管理專科學校
指導老師：姜佩君
科別：漁航管一
組員：

歐美芳　87208008
陳佳秀　87208013
顏秋婷　87208014
呂佳紋　87208015
周美芳　87208031

撰稿：歐美芳
排版：陳佳秀、呂佳紋
美編：周美芳、顏秋婷

田野調查

班級：資一甲 61

組別：3
顏淑婷　許依婷　曾湘雯
陳曉筠　李秀玲

組別：4
江玉琳　莊雯如
劉蒲霏　吳佳慧

國立澎湖高級管理職業學校
諮商進修室佈置
田野報告參觀

科別：航管一乙 61
姓名及學號：
8710020　蔡怡芬
8710026　胡郁綺
8810067　江依芳
8810080　王佑晁
8810083　陳秀綺
8810084　張巧今
8810090　鄧靜如

繳交日期：中華民國八十八年十二月三十一日

鳥嶼民間傳奇

一、鳥嶼地名的由來

一島從海面眾鳥聚集於此，為數約有200多種，故名。

二島地形的外觀看來像隻鳥的形況，此島另一種說法。

目錄

鳥嶼民間傳奇

指導老師：李保君

班　級：航海一年乙班

組　員：鍾佳君　87108081
　　　　黃心如　87108075
　　　　劉珮如　87108093
　　　　許梅君　87108100

國文鄉野調查記錄表

受訪者：謝吳秀鸞　　性別：女
職業：養老　　　　　籍貫：澎湖縣
年齡：77　　　　　　教育程度：不識字
講述語言：閩南語
地址：澎湖縣馬公市長安里民族路35號(第九鄰鄰民)
備註：

國文鄉野調查記錄表

受訪者：薛漁美　　　性別：男
職業：退休　　　　　籍貫：澎湖縣
年齡：67　　　　　　教育程度：國小
講述語言：閩南語
地址：澎湖縣白沙鄉赤崁村
備註：

學生與講述者合影

學生與講述者合影

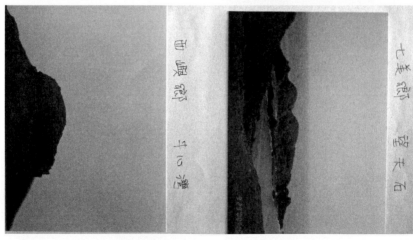

報告所附之照片

報告所附之照片

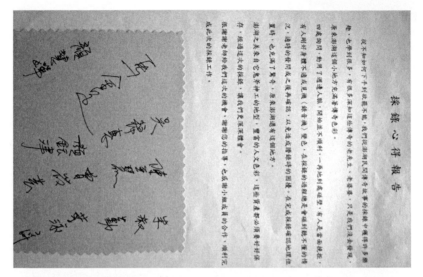

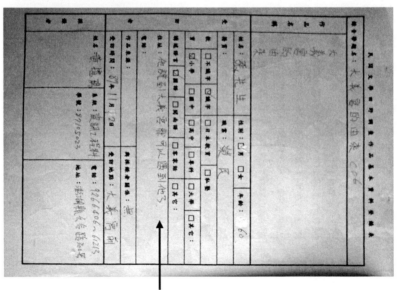

很天兵的紀錄

民間文學田野調查作品基本資料登錄表

採訪時間：2001.6.18　　採訪地點：馬公 祖師廟

作品名：農．曆．謝水祖師廟

作品
　題名：（於問時何地問何人訪講）：長輩
　來源：文昌帝君 祖師廟 和玉皇

作品
　題名：長輩
　來源：

作品
　題名：
　來源：

講述語言：□國語　□閩南語　☑台語混用

教育程度：□文盲　□初中　□高中　□日本教育　☑國小　□五專　□大學　□專科

性別：☑男　□女
年齡：50

班級：興采助專開保

	姓名	學號	備註
組一乙	鄭長梅	891080 54	無
組一乙	鄭東宜	891080 67	無
組一乙	陳怡蓉	891080 74	無

民間文學田野調查作品基本資料登錄表

採訪時間：89年 12月 15日　　採訪地點：光華里

作品
　題名：鎮龜塔
　來源：鄉里民講

姓名：蔡順成　　性別：男　　年齡：57
職業：高職畢　　籍貫：台澎
住址：澎湖縣馬公市東衛里 149號
電話：(06) 9210832

受訪者

採訪者
　班級：護澎專班　　姓名：　　學號：31089 2046
　與受故者關係：同事

故事採集登錄表

國家圖書館出版品預行編目資料

澎湖民間傳説故事／姜佩君編著. —初版.—
澎湖縣馬公市：姜佩君，民 109.08
　　面；　公分
ISBN 978-957-43-7854-8（全套：平裝）

539.533/141　　　　　　　　109010159

澎湖民間傳説故事（下）

編　　著	姜佩君	
校　　對	姜佩君	
專案主編	黃麗穎	
出　　版	姜佩君	
	E-mail：pgjium@npu.edu.tw	
設計編印	白象文化事業有限公司	
	專案主編：黃麗穎　　經紀人：張輝潭	
經銷代理	白象文化事業有限公司	
	412台中市大里區科技路1號8樓之2（台中軟體園區）	
	出版專線：（04）2496-5995　　傳真：（04）2496-9901	
	401台中市東區和平街228巷44號（經銷部）	
	購書專線：（04）2220-8589　　傳真：（04）2220-8505	
印　　刷	普羅文化股份有限公司	
初版一刷	2020 年 8 月	
初版二刷	2022 年 6 月	
套書定價	560 元	

白象文化　印書小舖 PressStore　出版·經銷·宣傳·設計
www.ElephantWhite.com.tw　[f] 自費出版的領導者　購書 白象文化生活館